KB141318

철학자

혹은 필로테이너, 훼방꾼,
선동가, 관심병자, 추락한 마법사

사용법

철학자

혹은 필로테이너, 훼방꾼,
선동가, 관심병자, 추락한 마법사

사용법

라파엘 앙토방 지음 임상훈 옮김

함께읽는책

그는 허구의 인물이며,
빛이 사라지면
그도 함께 사라져 버린다.

차례

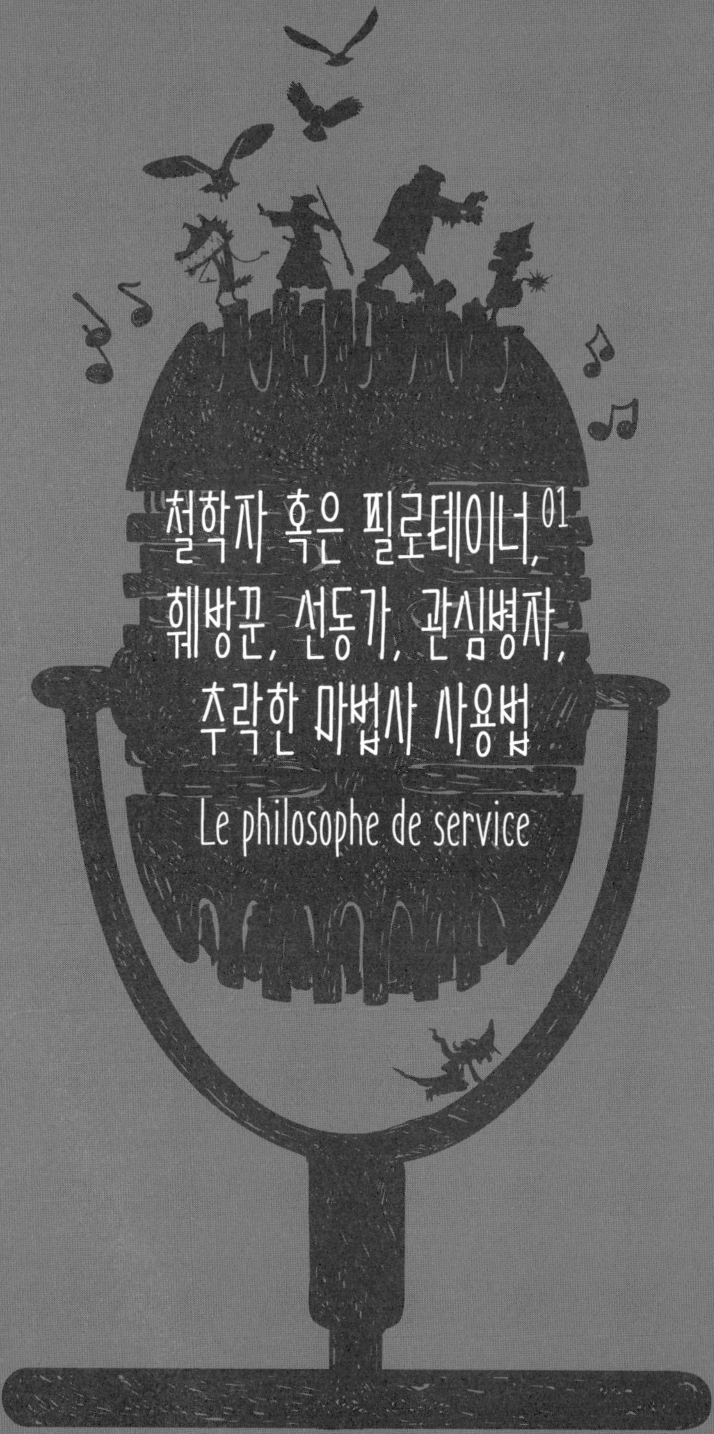

철학자 혹은 필로테이너,[01] 훼방꾼, 선동가, 관심병자, 추락한 마법사 사용법

Le philosophe de service

01 philo-tainer: 철학자이면서 대중을 즐겁게 만들어 주는 사람이라는 뜻으로 철학자 뒤에 엔터테이너를 붙여 만든 신조어. (이하 역자주)

피카소 안에 시트로엥이 있다.

_자크 시겔라[01]

---

01 글로벌 광고대행사인 하바스그룹 부회장이자 광고인.

여성지에 실릴 화보 촬영 당시 있었던 일이다. '오늘의 철학자들'이라는 특집 기사를 위한 촬영이었는데, 나를 포함한 다섯 명의 철학자들은 육군 보병 차림으로 화장품이 흩뿌려진 스튜디오 안에 줄지어 서서 사진작가의 지시에 따라야 했다.

스튜디오 한가운데에는 가짜 줄무늬 대리석으로 만든 작은 그리스식 기둥이 세워져 있었고, 그 주위에서 우리는 주먹을 턱 위에 올리거나, 엄지와 검지를 직각으로 만들어 얼굴을 받치거나, 검지는 관자놀이에 엄지는 턱에 걸치는 등 '철학자 느낌'의 포즈를 취하며 연기를 해야 했다. 어쩌면 다음번에는 우리에게 토가를 걸치라고 하지 않을까?

'쓸모 있는 종교인', '쓸모 있는 과학자'와 나란히 '쓸모 있는 철학자'도 라디오와 신문, 텔레비전 등 다양한 매체를 통해 사회 각 분야의 다양한 주제들에 대한 자신의 견해를 피력한다. 간혹 그 주제들이 그들의 전문 분야와는 전혀 무관한 것임에도 불구하고, 모든 매체들은 그에게 의견을 내놓으라며 닦달한다.

철학자는 버스 꽁무니에도 그 얼굴이 붙어 있고, 각종 회의에도 모습을 드러내며, 기업운영위원회에 참석하여 조언을 해 주기도 한다. 사람들은 그에게 모든 것을 물어본다. 테러리즘, 금융 위기, 화산 폭발, 자녀 교육, 봄소식, 전쟁 시 선박 검사, 그리고 에이즈 창궐 시대의 사랑 문제에 이르기까지, 세상은 그에게 지혜로운 조언을 구하고, 질문하며, 그를 초대한다. 그리고 때때로 철학자는 자신의 몸값을 흥정하기도 한다.

사람들은 그에게서 무엇을 기대하는가? 먼저, 그의 답변을 기다린다. 쓸모 있는 철학자(혹은 필로테이너)는 역할 전환이라는 명목하에 소크라테스식 철학 문답법을 버려두고 질문 대신 답변을 하며, 답변은 신조 표명으로 대신한다. 쓸모 있는 철학자는 깊이 있는 연구는 제쳐 두고, 하지만 연구하는 척하며 눈앞의 일에 몰두하고, 확신을 늘어놓고, 상담을 해 주며, 철학이 마치 우울증 치료제라도 되는 양 처방해 댄다. 뿐만 아니라 뻔뻔하게도 그저 그런 회의에 참석하면서 알맹이 없는 발언들을 내뱉는다.

철학자 사용법

그러면 사람들은, 그가 **철학자**인 양, 다시 말해 알아들을 수 없는 현학적 표현들을 구사하며 대답하기를 바란다. 평범한 단어들을 길게 늘려 꼬아서 말하거나, 약간의 한자를 섞거나, 그리고 당연히 친근하지만 동시에 자신의 권위에 존경심을 불러일으킬 만한 전문 용어를 사용하는 것 또한 잊지 않기를 기대하는 것이다

쓸모 있는 철학자는 어떨 때는 심리분석가였다가, 나아가 점술가가 되어, 인류의 내면적 성찰에 관한 질문들에 답변하기도 한다. '나는 누구인가?', '내게 허락된 희망은 무엇인가?', '나는 어디로 가고 있는가?', '내가 동성연애자라는 사실을 부모님께 어떻게 말씀 드려야 할까?' 등등…… 마치 철학의 대상이 개인의 문제에만 국한된 것인 양 말이다.

개인주의 시대에 쓸모 있는 철학자들은 지식인과 철학자의 역할을 동시에 맡고 있다. 그의 권위는 불투명성에 기반을 두고 있으며, 이러한 특징은 무지한 자들의 관심을 전혀 끌지 못한다. 쓸모 있는 철학자는 소크라테스의 독배다. 철학을 치료약으로 강등시킨 사들에 의한 철학의 독살이다.

그에게 '고견'을 요청하는 자들이 기대하는 것은 무엇인가? 그들은 세상 만물에 대한 그의 비전에 관심이 없다. 그의 고견은 그들에겐 모든 것이면서 동시에 아무것도 아니다. 사람들이 그에게 바라는 건, 높은 자리에 앉아서 짐짓 고매한 인사인 척 선물 같은

말씀을 전해 주는 것, 자신의 정신보다 높은 곳에 자리하며 잡다
한 주제들에 대해 언급해 주는 것뿐이다. 간단히 말해, 일종의 '휴
식과 같은 존재', '인스턴트식 지도자', '3분 철학자' 연기를 기대하
는 것이다. 가볍기 짝이 없는 이 세상에 몇 그램의 무게를 더해 줌
으로써 토론의 격을 높이는 책임을 진 융통성 없는 사람, 그것이
바로 쓸모 있는 철학자, 즉 이 시대의 필로테이너들의 역할이다.

철학자가 침묵을 지켜도 별 상관은 없다. 중요한 것은 체면을
지키면서 자기가 내뱉은 모든 발언들을 **생각**하고 있는 것처럼 보
여 주는 것이며, 청중들에게 희망을 주는 것이다. 일상적 경험 위에
마치 기호 같은 난해한 말들을 얹어서, 거기에다 이마에 주름도
좀 잡고, 문장 중간중간 "음……" 같은 양념을 섞어 가며, 무언가
생각하고 있는 듯한 낯빛을 보이는 것도 잊지 않는다. 가게 주인
이 손님 앞에서 자신의 역할을 수행하듯이, 쓸모 있는 철학자도 철
학자 역할을 수행한다. 쓸모 있는 철학자가 그곳에 있는 이유는
무언가를 설명하기 위해서가 아니다. 각종 분야의 새로운 아이디
어와 역설, 잡담이 난무하는 시사 프로그램 안에서 그는 감정에
지식을 가미하고, 정수를 뽑아내어 자신에 대한 이야기를 한다.
시장의 법칙은 그들에게도 적용된다. 학문적 순수성을 내세우는
프로그램은 매주, 혹은 매일 유명인의 강연을 방송하며, 현장의 청
중들은 자신이 이해한 부분에 대해 감탄하고, 이해할 수 없는 난

해한 말들을 들을 수 있음에 열광한다. "생각이 심오한 자는 명확함을 추구하고, 심오한 척하는 자는 난해함을 추구한다. 대중들은 이유를 설명할 수 없는 것들에 대해 심오하다고 생각한다. 그들은 그 속에 빠져 허우적거리게 될까 봐 너무나 두려워한다." 니체의 말이다.

사실 쓸모 있는 철학자는 상반된 목적의 대상이 된다. 몰리에르의 희극 〈서민귀족Le Bourgeois gentilhomme〉 속의 철학 교수는 천박한 속세 저 위에서 홀로 고고한 척하지만 결국 자신의 동료 패거리들과 육박전을 벌이고 만다. 이런 이미지를 통해 보여지는 쓸모 있는 철학자의 모든 것은 쓸모없는 지식의 과도한 비대증일 뿐이다. 쓸모 있는 철학자는 일정 분량의 사상적 발언을 보장받는 대신 선동적이며 유행성 감기보다 파급력이 큰, 즉 '특종거리'를 제공할 의무가 있다. 그들은 이렇게 말한다. "그렇지 않습니다. 철학은 인간과 동떨어진 것이 아닙니다. 철학의 머리는 우주 밖 별 위에 달려 있는 것이 아닙니다. 발을 땅에 단단히 딛고 있죠. 철학자라고 해서 다를 것이 없다는 말입니다. 철학자도 여러분과 마찬가지로 몸속에 장기가 있고, 슬픔과 분노, 평범한 걱정거리를 가진 존재입니다." 비록 세상이 쓸모 있는 철학자들에게 요구하는 것이 그것일지라도, 철학자가 우리의 시각을 변화시키리라고 기대하지 말자. 차라리 성상 파괴 운동을 치하하고 현실의 불멸성을 추구하는 금언적 진실과 문장들을 기대하는 편이 낫다. 쓸모 있는 철학자의 역할과 임무는 일반 대중들의 사회 통념에 반하는 의견과 주장을 마음에 품는 것이다. 종종 탈세계화가 이타성의 자리를 차지한다.

추상적이며 동시에 실체적인 철학자의 발언들은, 주변인으로 살아가며 그 시대를 점령하고 있는 불평분자들의 뜻대로 하늘과 땅 사이에서 부유하고 있다. 반反합의anticonsensuel적 대大합의 속에서 쓸모 있는 철학자는 '훼방꾼'이어야만 한다. 그렇지 않으면 오히려 불편하다. 쓸모 있는 철학자는 불쾌감을 주어야 한다. 그렇지 않으면 더욱 큰 불쾌감을 낳게 될 것이다. 과거 왕들이 그랬던 것처럼 오늘날의 대중들에게도 광대가 필요한 것이다.

미남이건 추남이건 쓸모 있는 철학자는 언제나 비웃음의 대상이다. 플라톤에 의하면 사랑amour이 풍요의 신Plénitude과 궁핍의 여신Carence의 아들인 것처럼, 쓸모 있는 철학자는 통 위에 올라앉아 노동자들에게 연설하는 철학자와 별을 관찰하다 우물에 빠진 수학자의 자손이다. 그들의 부모가 영영 이혼을 한 후 철학자는 동시에 세속적 무대와 상아탑에 살고 있다. 만약 그가 복잡하게 말한다면 사람들은 그의 현학적 태도를 비웃을 것이다. 만약 그가 일반 대중들처럼 말한다면 사람들은 그에게 '선동가'라고 할 것이다. 만약 그의 책들이 너무 많이 팔린다면 '상업적'이라고 흉볼 것이며, 책이 잘 팔리지 않는다면 이제 '한물갔다'고 할 것이다. TV에 출연하면 '미디어 철학자'라 조롱할 것이며, TV에 출연하지 않으면 '거만하다'고 욕할 것이다. 논문을 발표하면 그의 문체와 화법에 대해 지적할 것이다. 그의 학식을 칭송하면서도 동시에, 현실 사회에 관심을 두고자 하는 그의 가상한 노력에도 불구하고, 그의 지식을 비웃을 수 있기를 원할 것이다. 쓸모 있는 철학자의 처지는 그를 인터뷰하는 기자에 의해 좌우된다. 스스로를 대담하다고 여기는 기자는 쓸모 있는 철학자가 쓸모 있는 철학자에 대해 언급하면, 그것이 그 철학자 자신을 의미하는 것이냐고 물어본다. 혹은 철학자가 인용구를 사용하여 대답을 하면, "아니요, 그 문제에 대한 당신의 의견은 무엇입니까?"라고 재차 물으며 그의 주의를 환기시킨다. 마치 타인의 말을 인용하는 것은 자신의 얘기가 아니라는 듯이, 마치 한 천재의 고견보다 한 사람의 의견에 더 관심이 있다는 듯이 말이다. 쓸모 있는 철학자는 추락한 마법사이며, 그의 마법은 부바르와 페퀴셰[02]에 의해 효력을 잃었다. 쓸모 있는 철학자는 회개한 죄인이다. 사람들은, 그가 입을 열자마자 사과한다고 말할 것이다.

---

02 귀스타브 플로베르의 소설 《부바르와 페퀴셰Bouvard et Pécuchet》에 나오는 두 등장인물. 이 소설에는 '인간의 어리석음에 관한 백과사전'이라는 부제가 붙어 있다.

쓸모 있는 철학자는 허수아비이며, 더 이상 아무에게도 대단한 인상을 주지 못한다. 그의 찌푸린 표정이 그것을 잘 보여 준다. 그의 지적인 태도는 선이 굵고 대담한 문장, 흔하디흔한 일반적 논거에 가치를 부여한다. 여론이라는 정부와 그 정부 사절들의 감독 아래 놓여 있는 철학자는 언제나 난감한 표정의 진행자와 맞닥뜨린다. 진행자는 청중들과의 연대감 속에서 짐짓 네 음절의 단어를 해독하려 애쓰는 척한다. ("제가 철학에 문외한이라 그런지, 형-이-상-학mé-ta-phy-sique이라는 단어가 잘 이해되지 않는군요…….") 그러나 진행자의 이러한 가짜 겸손은 오로지 자신이 방금 들은 말의 난해성을 드러내기 위한 방편일 뿐이다. ("스스로 충분히 지적이라고 믿는 사람이 자신의 이해가 부족함을 고백하는 것은 자신의 지적 명료성이 아닌 상대의 명확성을 문제 삼을 목적인 것이다"라고 롤랑 바르트는 지적한 바 있다.)

누군가가 "철학은 왜 필요한가요?"라고 묻는다면, 쓸모 있는 철학자는 지혜에 대한 애정을 담아 철학에서 천여 가지의 장점을 찾아낼 것이다. 그에 따르면, 지식은 악을 몰아낸다, 철학은 희망을 주고, 욕망을 고취시키며, 시민을 양성하고, 생명에 감각을 부여한다…… 어쩌면 조금은, 토크빌식 '사유의 고통과 사고의 어려움'을 제거하는 데 도움을 줄 수도 있다. 만약 쓸모 있는 철학자가 '철학은 아무짝에도 쓸모없는 것이다'라고 대답이라도 한다면, 사

철학자 사용법

람들은 그를 '도발자' 취급하게 될 것이며, 그는 '관심병 환자'로 낙인찍힐 것이다. 대중은 실상 별 관심도 없는 일을 두고 판단하기를 즐기는데, 이는 인간의 속성이기도 하다. 철학의 유용성에 대한 질문은 다시 말해 무익한 인간은 아무짝에도 쓸데가 없다는 말을 암시하는 것이라고 철학자가 말한다면, 그의 목소리는 들리지도 않게 될 것이다. 만약 쓸모 있는 철학자가 사람들이 요구하는 대로 하지 않고, 연기하기를 거부하며, 사회 통념의 말잔치에 어울리지 않는 발언을 하고 나선다면, 그는 시청률이라는 인민재판에 의해 가차 없이 내침을 당하여 자신의 무리들, 즉 '나약'하고, '순응적'이며, '자기도취적'인 사상의 무균실로 돌려보내질 것이다. 쓸모 있는 철학자들 그룹의 일원이 되기 위해서는 철학이 왜 필요한가를 아는 것이 중요한 게 아니라, 그런 질문이 내포하는 어떤 선입견을 이해하는 것이 중요하다는 사실을 감추어야 (또는 혼자만 간직하고 있어야) 한다.

쓸모 있는 철학자가 등장한 지는 얼마 되지 않았지만, 이미 그 이름이 주는 이미지는 그림자처럼 그를 쫓아다닌다. 쓸모 있는 철학자는 그의 영혼을 그럴듯한 말과 맞바꾸도록 강요받은 비극적 인물이다. 지혜에 대한 사랑이 환심을 얻고자 하는 욕망 안에서 해소될 수 있을 것인가? 사람들은 쓸모 있는 철학자를 보지 않으면서 주시하고, 경청하지 않으면서 듣는다. 사람들은 그를 초대하지만 그는 허구의 인물이며, 빛이 사라지면 그도 함께 사라져 버린다.

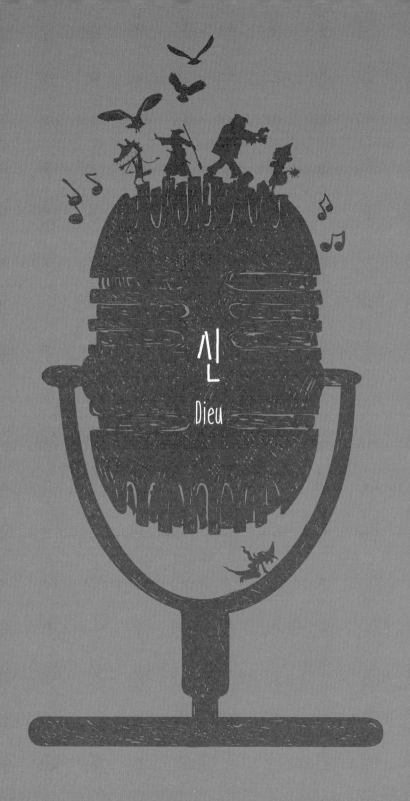

신
Dieu

사물이 완벽한지 그렇지 않은지는
그것이 인간에게 만족감을 주느냐
불쾌감을 주느냐에 달려 있다.

_스피노자

신학은 세상이 어디서 왔는지 묻고, 신과 무신론에서 그 답을 찾는다. 철학은 신이 어디서 왔는지 묻고, 인간에게서 그 답을 찾는다.

신의 존재 여부는 거의 중요하지 않다. 중요한 것은 신의 존재에 대한 열망만큼 인간이 가지고 있는 불안감이다. 니체는 말한다. "과거에 사람들은 신이 존재하지 않는다는 사실을 증명하려 애썼다. 오늘날 사람들은 신에 대한 믿음이 어디서 생겨났으며, 그러한 믿음이 어떻게 무게를 갖게 되었는지 증명하려 애쓴다." 이러한 변화는 신의 존재 유무에 대한 판단력과 신적 존재를 필요로 하는 인간의 본성을 이해하고자 하는 관점의 차이라고 할 수 있다.

만약 질문이 대답보다 더 철학적으로 본질에 가깝다면, 그것은 지혜가 우리의 손이 닿지 않는 먼 곳에 있다는 뜻이 아니다. 또한 최종 답변이 탄탈로스[01]의 형벌과 같아서 탐구는 인간의 심장을 고통으로 가득 채우게 될 것이라는 뜻도 아니다. 오히려 그 반대로, 대답은 너무도 쉽고 간단하게 찾을 수 있다는 뜻이다. 답변은 질문 자체와 그 질문이 제기하는 모든 의문점들에 대한 자문을 멈추게 하는 부득이한 해결책일 뿐이다. 대답하는 것은 유치하다. 대답하는 것은 거의 말하지 않는 것이다.

신은 딜레마다. 스스로 존재하거나 다른 것을 존재하게 한다. 신이 스스로 존재한다면, 그가 다른 모든 존재와 같지 않는 한, 이 세상에 존재하는 그 어떤 것도 신의 밖에서는 존재할 수 없다. 신이 다른 존재를 만들어 낸다면, 존재를 창조하고 뛰어넘고 집행하고 그 존재를 초월해 버림으로써 그 결과 그 자신은 존재하지 않게 된다. 초월적 신은 존재하기 위해서가 아니라 존재에 의미를 부여하기 위해 만들어졌다. (그 존재는 시초의 가설과 종말의 전망 사이에 끼워져 있다. 종말은 세상에서 가장 좋은 것으로, 인간의 목적지가 될 수도 있을 것이다.) 무엇이 더 유용한가? 무엇이 더 위안을 주는가? 신은 필수 불가결한 존재다. 만약 신이 존재하지 않는다면,

---

01 그리스 신화에 나오는 왕으로, 제우스의 아들이다. 거부ㅌ高였으나 오만한 죄로 지옥에 떨어져 영원한 목마름과 배고픔의 고통을 받게 된다.

인간은 그를 믿게 될 것이다.

그런 이유로—신은 이유 없는 고통을 거부하는 마음, 존재의 기쁨을 얻고자 하는 마음으로부터 생겨났다—인생의 굴곡은 신에 대한 믿음을 약화시키기는커녕, 역설적으로 신에게 두 번째 숨결을 불어넣어 준다. 고통은 인간을 신으로부터 돌아서게 만드는 것이 아니라 오히려 고통에는 이유가 있을 것이라는 믿음, 약속의 위안, 보상의 아편과 함께 신에게 귀의하게 만든다. 그리고 또한, 그렇기 때문에, 왜 인간이 신의 존재를 열망하는지에 대해 자문하는 철학자들 역시 매우 빈번히도 종교 기관 혹은 종교 행위의 수호자가 되곤 한다. 신의 창조자에게는 교회가 필요하다. 아니라면 무엇 때문에 교회를 만들었겠는가? 쇼펜하우어는 말한다. "사람들에게는 종교가 필요하다. 그들에게 종교는 평가하기 어려울 만큼의 효용 가치가 있다…… 전 세계 어느 나라, 어느 시대에나 존재하며, 그 화려함과 웅장함을 자랑하는 절, 교회, 탑, 회교 사원들은 인간이 물질적 욕구를 가지고 있음을 증명한다." 신에 대한 갈증은 신의 존재를 증명하는 것이 아니라 반내로 신의 필요성을 증명한다.

'긍정적 세속주의'의 지지자들(이들은 세속성을 관용으로, '다른 문화 간의 대화'는 인위적으로 진정시켜 놓은 차별주의로 규정한다)은 이렇게 말한다. 세속성이라는 단어의 기원은 다음과 같은 두 가지

깨달음에 그 바탕을 두고 있다. 첫째, 뼈와 살을 가진 인격적 신의 개념이 혼란스러운 생각이라는 점, 둘째, 만약 사람들이 각자 자신이 선택한 우상을 섬길 수 있다면, 이는 어떠한 신학도 지식에 기반을 둔 이론이 아니기 때문이라는 점이다.

존재하다, 혹은 신이다. 여기에 해답이 있다.

해답은 세상의 아름다움, 세상의 기원에 대한 설명의 필요성, 혹은 완전무결한 세상에 대한 믿음 등으로부터 나온다. 신의 존재를 확인시켜 주는 모든 증거들은 신에 대한 믿음의 자유(믿고 안 믿고의 자유)라는 초월성을 희생시킨다. 신의 존재를 증명하는 것은 신의 확실성을 증명하는 것이고, 이 확실성은 믿음을 약화시킨다. 신의 존재를 알려 주는 증거에 설득된 사람은 믿음을 갖기 어려워진다. 의심의 여지없이 존재하는 대상을 어떻게 **믿을** 수 있겠는가? '2 + 2 = 4'라는 사실을 혹은 '삼각형의 세 각의 합(180°)은 두 직각의 크기의 합(90° + 90° = 180°)과 같다'는 사실을 **믿는가**? 지식과 믿음이라고 하는 두 개의 판 위에 양다리를 걸칠 수는 없다. 신의 존재를 증명하려 애쓰는 자는 우리를 어리둥절하게 할 뿐이다.

신을 없애 버리고서 신의 존재를 단언하는 것은 자연현상을 통해 '기적'을 설명하는 것과 같다. 만약 자연법칙에서 벗어나는 현상을 통해 신이 증명된다면, 신을 찾을 수 없을 것이다. 스피노자는 말한다. "만약 신이 자연법칙을 거스르는 행위를 한다면, 그는 자신이 창조한 자연의 법칙을 거스르는 것이리라. 이는 참으로 모순이 아닐 수 없다…… 자연의 순리에 반하는 현상, 기적을 통해 신의 존재를 증명하려는 시도는 터무니없는 일이다. 그런 기적들은 오히려 신의 존재에 의문을 품게 만들 뿐이다. 하지만 반대로 기적이라는 현상이 없다면 우리는 그 존재를 확신할 수 있을 것이다. 자연 속의 모든 것이 확고한 만고불변의 질서에 따라 움직인다는 것을 알기만 한다면 말이다." 칸트와 파스칼이 예수회 수도사들을 비웃는 이유는 바로 그들이 **신을 믿기** 때문이다. 다시 말해 이 두 철학자들에 따르면, 수도사들은 신의 존재를 증명함으로써 신이 신으로서 존재할 수 없도록 가로막는다는 것이다. 만약 맹신의 정도가 확실성의 정도와 반비례한다면, 신을 '믿는' 자들의 증언으로 인해(믿음이라는 단어를 사용한 것만으로도 그들이 신의 존재를 의심하고 있음이 증명된다), 인격신의 개념은 그 존재를 희생시킨 채 완성된다.

만약 신이 존재한다면, 존재하는 모든 것이 신이며, 세상은 무한하다. 왜냐하면 세상 너머 어떤 것으로도 세상의 경계를 그을 수 없기 때문이다.

신이 초월적 존재라면—그리고 신의 이름으로 인간이 범하는 선행과 악행의 이름으로만 '존재한다'면—인간의 의지야말로 무한한 것이다. 또한 지배적이며 동시에 동경의 주체이기도 한 인간의 의지는 우선 상상적 한계에 맞닥뜨리게 된다.

신이 실재한다면, 그 존재는 수수께끼와 같다. 왜냐하면 실재는 부분적으로 설명 가능하긴 하지만, 모든 것이 자명하고 모든 것이 이상해서 창조될 수도, 설명될 수도 없기 때문이다.

신이 초월적이라면, 세상은 신으로부터 그 기원과 존재 이유를 찾을 수 있다. 하지만 신 자신은 더욱더 의문스러운 미스터리로 가득 차게 된다.

신이 존재로부터 초연해지고 하늘로 높이 올라갈수록 그는 인간의 믿음으로 존재하고, 유추를 통해 창조주의 형상을 갖게 된다.

신은 그 존재에 부합될수록 우리와 덜 닮았으며 우리에게 덜 응답한다.

신은 존재한다. 나는 그를 측량했다.

성 요한은 말한다. "우리는 신 안에 있으며 신은 우리 안에 있다." 우리의 일부분인 그 존재와 우리 인간 사이에는 아무런 공통점이 없으며, 진정한 기적은 물 위를 걷는 것이 아닌 땅 위를 걷는 것이다.

연극

Jeu

"쿄르네이유, 이 쿄미디를 중단시귀시오!"
"어떤 쿄미디 말씀이십니까, 후작님?"

_장 르누아르[01]

01 Jean Renoir(1894년~1979년): 프랑스의 영화감독, 배우, 작가.

배우는 무엇을 연기하는가? 연극의 목적은 무엇인가? 연극이 단순한 시간 때우기일 뿐이라면 재미가 있을까? 연기한다는 사실을 잊지 않은 채 연기를 할 수 있을까? 혹은, 연기가 아닌 척 연기하지 않고 연기를 할 수 있을까? 어떻게 하면 연극에 몰입하지 않으면서 연기를 할 수 있을까? 어떻게 하면 연극을 멈추지 않고 연극에 빠져들 수 있을까?

놀이적 환각은 잘 의도된 망상이며, 완전한 의식 상태에서 자기 자신을 의식하지 않은 척 연기하는 비수면 상태의 꿈이다. 조작된 것이 더욱 흥미롭다는 역설에 근거하면, 연극은 바로 그 점에서 더더욱 매혹적이다. 체스 플레이어가 자신의 나이트Knight를 진짜 말로 여기지 않는다고 해서 경기에 몰입하는 데 방해가 되지는 않는 것처럼, 어린 아이가 자신의 봉제 인형을 진짜 살아 있는 동물로 착각하지 않는다고 해서 장난감 곰 인형에 애정을 쏟아붓는 데 문제가 생기지는 않는 것처럼 말이다. 요컨대 오스카 와일드가 소설 속 주인공이 죽음을 맞던 날 쏟았던 눈물은 진실하면서 동시에 맑은 정신 상태에서 나온 것이다. 니콜라 그리말디[02]는 말한다. "연극은 이중적인 연기이다. 연극을 하고 있다는 사실을 잘 알면서 그것을 알지 못한다고 믿는 척 **연기한다**." 신기하게도 의식이 감정을 해치는 법이 없는 이러한 인위적 연출 앞에서 사람들은 자발적으로 환각에 빠지며, 저 남자 주인공이 언제 엉뚱한 짓을 할지 혹은 그의 열망과 두려움이 언제 실현될지를 알게 된다. 연극은 현실로부터 동떨어지지 않은 채, 현실의 불안한 증세들을 조롱하는 능력을 발전시켜 왔다.

게다가 꿈과 연극의 차이점을 보면, 꿈은 어둠 속에서 우리가 실제 느낀다고 믿는 것에 달라붙지만, 연극은 환한 조명 아래, 우리가 상상적 체험임을 인지하고 있는 대상을 흉내 내는 것이다. 꿈을 꿀 때 우리는 자신을 세상의 중심이라고 생각하며 꿈꾸지 않는다. 반면 연극은 자기 자신의 현실을 있는 그대로 보는 척 의식적으로 연기하는 것이다. 가령 한 유명한 카페의 웨이터가 무의식중

---

02 Nicolas Grimaldi: 18세기 초 활동한 카스트라토 가수.

에 보란 듯이 숙달된 능숙함과 다소 과장된 제스처를 통해 사람들로 하여금 '카페 웨이터' 연기를 하는 듯한 인상을 준다면, 그는 연기를 넘어서 자신의 상황을 꿈꾸고 있는 것이라고 말할 수 있다. 꿈꾸는 사람과 달리 연기자는 자신이 맡은 배역에 대해 어떠한 착각도 하지 않는다. 만약 그의 연기가 어색하다면, 그것은 그의 속임수가 비윤리적이기 때문이 아니라 그가 연기를 너무 진지하게 받아들였고, 지나치게 몰입했으며, 그 결과 그의 연기는 더 이상 연기가 아님이 드러났기 때문이다. 그리말디는 말한다. "연극이라는 사실을 잊은 척하면서 연기가 아닌 척 연기한다. 이것이 연극을 위장된 열정으로 보이게 한다." 월드컵 결승전 출전 자격조차도 손의 도움을 받은 사실을 정당화해 주지는 못한다. 왜냐하면 그것은 '더 이상 연기가 아니기 때문이다.'

연기는 두 가지 이유에서 인간만이 가진 고유한 특성이다. 우선 오직 인간만이 자신이 연기하고 있다는 사실을 인식할 수 있다. 동물들은 연기를 하면서도 자신의 본능에 의한 맹목적 필요성에 복종하지만, 인간은 연기를 통해 영원히 죽지 않는 인물을 스스로에게 씌운다. 맡은 역할 속 그 누군가가 되어 그의 감정을 느끼기 위해 그 사람이 될 필요는 없다. 이런 의미에서 인간은 자신이 내뱉는 대사에 따라 대본이 만들어지는 코미디 속 인물이다.

그러나 흥분과 절제의 차이에 대해 말할 때, 흥분이 덜 의식적인 광기인데 반해 절제는 의식이 명료한 상태인 것으로 여기는 것처럼, 연극과 인생에도 확실한 차이가 있다. 대부분의 사람들은 삶 자체가 연극이라는 것을, 모든 사람들이 연기를 하고 있다는 사실을 알지 못하며, 자신이 배우라는 사실 또한 외면하고 있다. 우리가 살고 있는 이 세상을 '연극 무대'라고 말하는 것은 이 세상 사람들이 자신에게 부족한 확실성을 연극을 통해 얻고자 노력한다는 것을 증명하며, 결국 모든 것이 공허함을 나타내는 것이다. 죽은 척 연기하는 것이, 실제로는 죽지 않았음을 보여 주려하는 게 아니라면, 배우는 무엇을 연기하는 것인가? 연극의 위험성은 루소가 생각하는 것처럼 가면극 속에서 '진실'을 희석시키는 것이 아니라, (사람들이 자기 자신을 속일 때 그 사실을 스스로 인지하고 있다는 것을 루소는 알지 못한다) 그 반대로 과정에 몰입한 나머지 자신이 흉내 내는 실재가 되려 하고, 연극을 통해 자신이 모방하는 인물을 만들어 내려 한다는 데 있다. 읽고 있던 책의 마지막 책장을 덮은 독자가 당연히 받아들여야 하는 현실 앞에서 겪을 심적 혼란을 어떻게 설명할 것인가? 몇 날 며칠 자신의 머릿속을 떠나지 않던 그토록 익숙한 존재들이 실은 종이 위의 잉크 자국에 지나지 않는다는 사실을 말이다. 작품 속 배경과 인물들이 그런 존재에 불과하다는 사실을 인정하기 어려워서가 아니라면, 꿈을 깬 후 찾아오는 이 씁쓸함은 어디에서 기인하는 것일까? 사르트르는 말한다. "탐정소설을 읽을 때 나는 내가 읽고 있는 것을 실재라고 믿는다." 진실성 있는 인물을 창조하기 위해 내면의 감정과 동작을 흉내 내는 보이지 않는 문장 속에 연극의 위험성이 도사리고 있다. 로렌자치오[03]는 뻔뻔스럽게 사람들을 속였기 때문에 괴물로 변했고, 보리스 비앙[04]은 자신의 첫 소설인 《너희들 무덤에 침을 뱉으마》가 영화화된 뒤 시사회에 참석하러 가는 도중에 심장마비를 일으켰으며, 몰리에르[05]는 아프지도 않으면서 병에 걸렸다고 믿는 '상상병 환자'[06]를 연기하다 무대 위에서 (거의) 죽음을 맞이했다. 그럼으로써 그는 진짜 연극은 무대가 아니라 실제 삶에서 일어난다는 것을 보여 주었다.

---

03 알프레드 드 뮈세의 연극 〈로렌자치오Lorenzaccio〉에 등장하는 인물.
04 Boris Vian(1920년~1959년): 프랑스의 작가, 음악가.
05 Molière: 17세기 프랑스의 극작가, 배우.
06 몰리에르가 쓴 희곡 제목으로, 몰리에르는 이 연극이 상연되는 동안 무대에서 여러 차례 쓰러져 곧 사망했다.

용기

Courage

10시 정각을 알리는 마지막 종소리가 울려 퍼지자
그는 손을 뻗어 레날 부인의 손을 잡았다.

_스탕달

'시작'과 '용기'는 동의어다.

겁쟁이가 저지르는 실수는 잘못을 저지르지 않는 것이다. 용기
는 명철한 번득임이며 무의식적인 지혜다. 갑작스럽게 공포를 극
복하고, 낙하산에 매달려 뛰어내리고, 돌을 던져 골리앗을 쓰러뜨
리고, 매운 무를 먹고, 유태인을 숨겨 주고, 첫 키스를 하고, 모두
가 눈을 내리깔 때 홀로 고개를 들어 대항하는 이런 놀라운 행위
들은 달리 무엇으로도 설명하거나 예측할 수가 없다. 용감하다는
것은 잘못된 (그러나 이해할 만한) 유혹에 고개 숙이려는 태도에 결
연히 반대하는 행위를 하는 것이다. 용기에는 이유가 없으며 다만
동기가 있을 뿐이다. 엄밀한 의미의 용기, 혹은 무엇으로도 설명되
지 않으며 어떠한 비열함도 용납하지 않는 용감한 행동이라는 것

은 없다. 모든 용기 있는 행동들의 공통된 특징은 일이 벌어진 후
에만 드러난다는 것이다. 용기의 실존은 용자의 본질에 선행한다.
알랭01은 말한다. "행동의 비밀은 시작하는 것이다." 용기는 두려
움의 반대말이 아니라 두려움의 성공적인 연장이라는 말은 정확하
다. 두려움이 예견되는 현실 속에서 용기는 하나의 도약이다. 두
려움이 숨어 있는 무기력과 게으름에 대한 거부이다.

용기를 오만함으로 폄하하는 사람들은 용기를 모른다. 용기
는 계산으로 풀리는 문제가 아니다. 덕행이 보상이라는 희망 안에
서 설명될 수 있는 게 아닌 것처럼, 적의 침략으로부터 트로이를 지
키기 위해서였다고 해도 헥토르의 희생이 정당화되지는 않는 것처
럼 말이다. 비록 치유에 대한 희망 때문에 화학요법을 희망하는
용기를 내더라도, 비록 문 아래로 새어 나오는 불빛이 환자로 하
여금 구원의 손길을 기대할 힘을 주더라도, 그리고 아자르02가 말
했듯이 "인생에 필요한 것은 용기를 북돋우는 응원"일지라도, 그
렇다고 해도 용기에 관한 한 의지는 부차적인 것이다. 소크라테스
가 불평 없이 독배를 받아 삼키기 위해 영혼의 불멸성을 증명할 필

---

01 본명은 에밀 샤르티에Emile-Auguste Chartier(1868년~1951년), 20세기 프랑스가 낳
은 대표적 사상가로 대표작으로 《행복론》 등이 있다.
02 Emile Ajar(1914년~1980년): 프랑스 작가 로맹가리의 필명. 1975년 《자기 앞의
생》으로 공쿠르상을 받았다.

요는 없다. (게다가 그는 성공하지도 못했다.) 파스칼은 말한다. "우리 인간은 너무나 교만해서 세상 모든 사람들로부터, 심지어는 아직 태어나지도 않은 후손들로부터도 인정받고 싶어 한다." 그래서 어쩌자는 것인가? 의지는 용기의 효력 앞에서 무의미하다. 영광이 무에 그리 중요한가? 아킬레스가 용감하게 행동한 것은 영광을 바랐기 때문이 아니다. 그가 용감했기 때문에 영원한 영광이 그의 이름 앞에 놓이게 된 것이다. 용자가 얻을 수 있는 영웅이라는 지위는 용기 앞에 충분하지도, 필요하지도 않다. 용기를 양심 또는 허영심으로 격하시키는 것은 결과를 원인으로 착각하는 것이며, 개인의 차원을 훨씬 뛰어넘는 것을 개인 안에 가두어 버리는 것이다. 정신분석가이자 정치철학 교수인 신시아 플뢰리Cynthia Fleury가 말한 것처럼, "용기에 따르는 승리는 자기 자신에 대한 승리뿐이다."

　기쁨에 고통이 동반되는 것처럼 용기에도 두려움이 따른다는 사실을 인정한다면, 그리고 모든 종류의 난관에도 불구하고 살아가는 용기, 그것이 용기가 아니라면, 그것은 지존심이기 이전에 나를 넘어선 자기애다. 용기의 법칙 아래 인생은 나의 소유물에서 멈추지 않고, 세상은 내 집에 국한되지 않으며, 나의 자유는 타인의 자유와 연결되어 있다는 생각 앞에서 '작은 나'는 무기를 내려놓는다. 왜냐하면 우리가 살고 있는 이 세상은 우리 이전에도 존재해 왔고, 우리를 살아가게 할 뿐 아니라, 개인의 삶과 이익만을 염려할 수 없음을 용기를 통해 보여 주고 있기 때문이다. 용기는 세계의 자유를 위해서, 삶에 대한 근심으로부터 인간을 해방시켜 준다. 용기는 무모하지 않으나 대의를 위해 생존 본능을 희생시키는 경향이 있다. 그 증거로 폭탄과 총탄 세례에도 용기는 결코 좌절하지 않는다.

선행이 지나친 경우는 없지만, 악행은 한 번만으로도 언제나 지나치다. '용기가 있다'는 것은 딱 한 번 용기를 내는 것이 아니라 지속적으로 용감하다는 뜻이다. 용기를 갖는 것과 용기를 잃지 않는 것은 다르다. 용기는 본질이 아니라 성질이며, 억제하는 것이고, 절망에 대한 단호한 거부이다. 이러한 단호함은 생명을 무릅쓰고 희망을 지키고 싶은, 그리고 자신을 지키고 싶은 충동, '나는 이미 할 만큼 했다'라고 외치고 싶은 충동을 부단히 억누른다. 물에 뛰어들어 역류를 거슬러 헤엄치는 용기, 적에 대항하는 용기, 승리 후 권력을 행사할 용기, 자신의 시대를 마무리할 용기, 그리고 모든 이가 만류할 때 계속해서 자신의 의지대로 살아 나아갈 용기가 존재한다. 용기를 갖는 것은 자기 자신으로 태어나는 것이며, 그 탄생을 지속적으로 유지시키는 것이다. 용기를 갖는 것은 죽기를 배우는 것이다.

우연
Hasard

우연이라는 단어가 의미를 갖는 것은
목적사회의 시각에서 볼 때뿐이다.

_니체

우연은 신의 변덕이며 상당한 힘을 갖는다. 우연은 은유를 통해 영속되며, 암호 해독을 통해 사라지고 마는 현재의 착각이다. 우연은 또한 만개한 처녀의 실루엣이며, 순간적인 동시에 영원한 수평선을 뚜렷이 드러낸다.

필연적으로 우연이 존재한다면, 그것은 이 세상이 천체의 궤도를 지배하는 만고불변의 법칙에 불복하기 때문이 아니라, 오히려 이곳에서도 지구 밖 딴 세상과 마찬가지로 모든 사건이 유일하고 필연적인 수수께끼이기 때문일 것이다.

삶이 요동치는 모든 순간 발생하는 그만큼 많은 우연을 어떻게 느끼지 못하겠는가? 길모퉁이를 도는 순간, 오래된 친구, 암살자,

또는 마음속 여인과 스칠 수 있는 우연(다른 말로 운명)을 어떻게 믿지 않을 수 있겠는가? 우연이 '동시에 일어나는 일치'를 의미한다면 우연의 개념은 어떤 뛰어난 인간의 지능으로도 모든 것을 예측할 수는 없다는 사실에서 시작된다. 일상적인 두 개의 사건이 겹쳐지는 지점에서 두 사람이 최고의 혹은 최악의 상황 한가운데 동시에 놓이게 되는 사건들을, 발생하기 전에 미리 예측할 수는 없다는 말이다. 이 경우 신의 섭리에 대한 환상 혹은 일치로 여겨지는 우연은 인간의 착각일 뿐이다. 자신에게 발생한 사건에 얽매인 채 자신으로서는 예측 불가한 것과 자신에 대해 예측하지 못했던 것을 혼동하여 놀라움에 빠진 것이라는 말이다. 폴 발레리[01]는 말한다. "모든 종류의 터무니없는 소원을 (그리고 근거 없는 두려움을) 관장하며, 가장 정교하게 짠 계산마저 실패하게 만들고, 부주의함을 매우 잘된 결정으로 바꾸며, 가장 훌륭한 위인을 장난감으로, 골무와 돌을 예언자로 바꾸는 얼굴 없는 신…… 모든 종류의 놀라운 사건들의 원인을 우연이라고 한다. 내게 복권이 없다면 통 안에서 어떤 번호가 나온들 무슨 상관이겠는가? 나는 이 이벤트에 '마음이 끌리지' 않는다…… 그러므로 사람을 치우고 그의 기대마저 치워 버려라. 모든 것은 무차별적으로 찾아온다. 그것이 조

---

01 Paul Valéry(1871년~1945년): 20세기 전반 프랑스의 시인, 비평가.

개껍데기든 조약돌이든 간에…….”

우연을 해체하지 않고서는 우연을 생각할 수 없을 것이다. 하늘이 도운 행운이건 불행이건, 우연은 그저 한쪽 관점에서 본 우연일 뿐이다. 우연은 인간이 미처 깨닫지 못한 필요성을 장난기 넘치는 신이 기분에 따라 바꿔 버린 갑작스러운 돌변이다. ‘우연히’ 예기치 않게 발생한 어떤 일에 의미를 부여할 때, 그 우연은 무지의 도피처가 된다.

이것이 다는 아니다.

왜냐하면 우연은 또한 존재 자체의 수수께끼, 그곳에 있다는 기묘함, 현실의 돌이킬 수 없는 무동기성, 존재하는 모든 것의 증명할 수 없으며 전혀 뜻밖인 특성, 요컨대 신의 침묵이기 때문이다.

당신은 무와 무한의 사이, 우연을 비웃는 세상에 그 우연에 의해 태어나지 않았는가? 그리고 그 세상으로부터 마치 하늘에 구름이 남기는 흔적 정도의 자취만을 남긴 채 사라지게 될 것이 아닌가? 되는대로, 공기처럼 자유롭게 불어오는 느낌의 바람처럼—비록 바람은 철저히 물리 법칙에 따라 부는 것이라고 해도—당신의 탄생이 거짓말 같은 우연의 일치에 의한 결과물처럼 보이더라도, 사실 그것은 분명한 인과관계에 의한 결과, 즉 서로가 서로에게 반드시 필요한 ‘우연’들의 연쇄반응 효과이다. 당신이 지금의 모습처럼 되리라고 정해지지는 않았을 테지만, 당신은 결국 이런 모습일 수밖에 없을 것이다. 왜냐하면 그게 당신이니까.

대충 휘갈긴 그림 속에는 언제나 사람의 얼굴이 있다는 사실, 하늘의 구름은 항상 **무엇인가**를 닮아 있다는 사실을 눈치챘는가? 아무 데나 가려고 하지만 반드시 어디론가 가게 된다는 사실 또한 알고 있는가? 여기에는 어떠한 신의 섭리도 없다. 단지 그런 것일 뿐이다. 일견 우연으로 보이는 현상에 특별한 이유를 붙이고자 하는 시도는 늘 있어 왔지만, 어떠한 시도도 그것의 숨겨진 특별한 의도를 설명하지는 못한다. 오히려 그러한 현상이 나타나게 된 별로 대단치도 않은 필연성만을 부각시킬 뿐이다. 할 수 있다면 '되는대로 걸어' 보라…… 산책에 어떤 목적을 두었건 당신은 반드시 어느 곳엔가 도착하게 될 것이다. 우연은 필연의 반대말이 아니라 필연의 또 다른 이름이다.

철학자 클레망 로세Clément Rosset는 그의 작품 〈우둔함에 관한 논설〉에서 이렇게 말한다. "말콤 라우리Malcolm Lowry의 소설 속 외교관은 일반적인 술주정뱅이가 아니다. 자신이 특별히 만취한 상태에 빠져 있음을 잘 아는 견자見者, 특별한 취객이다. 그는 종종 가던 길을 잃고 헤매다 길을 찾은 뒤 다시 그 길을 가는 그런 종류의 사람이 절대 아니다. 우선 그는 언제나 취해 있었고, 때문에 취기의 결과로 시작된 그의 혜안이 빛을 잃는 법이 없다. 그리고 때때로 찾아오는 각성이 그의 명한 상태를 흩트리는 법도 없다. 두 번째, 이미 오래 전부터 그에게는 잃어버릴 길도, 다시 찾을 길도 없다. 왜냐하면 진정한 길이라는 것이 애당초 존재하지도 않았기 때문이다. 그 외교관은 방향 감각을 잃지 않았다. 오히려 길이 그의 주위에서 사라져 버렸다. 모든 방향으로 통하는 가능성도 길과 함께 사라졌다. 곧은길은 어두컴컴한 숲 속에서 사라졌다." 달리 말하면, 사람들은 원하건 원치 않건 언제나 **결연하다**. 한량, 취객, 무사태평한 이들도, 단호하게 자기가 가고자 하는 곳으로 발을 내딛는 자들과 마찬가지로 어느 목적지엔가 도달한다. '거침없음'은 그 정확성에서 '세심함'과 다르지 않다. 마음 내키는 대로 걸어도 결국은 **어떤 한 가지 방식**의 걷기로 귀결되고 만다. 오히려 반대로 방랑을 할수록, 걸음걸이가 어떠하든 우리가 하고 있는 것처럼 걷는 것 이외에 다른 선택이 없음을 발견하게 된다. 클레망 로세는 덧붙인다. "사람들은 결연한 의지 없이 이동할 수 있고, 명확한 의도 없이 취객이 걷듯 비틀거리며 갈 수도 있다. 요컨대 그렇게 걷게 될 여정은 결연한 의지의 걷기가 갖는 모든 특징을 거의 마찬가지로 가지고 있다. 엄밀히 보자면, 되는대로 걷는 것은 불가능한데 왜냐하면 일반적으로 어떤 것에 대한 결심 없이 무언가를 한다는 것이 불가능하기 때문이다. 물론 원하는 것을 모두 할 수는 있지만, 결코 아무거나 할 수는 없다."

프루스트^{Marcel Proust}는 말한다. "매일 저녁 나는 매혹적인 도시 속으로 홀로 나갔다. 천일야화 속 인물처럼 나는 새로운 지역의 한복판을 돌아다녔다. 거의 매번, 되는대로 걷다 보면, 어느 안내자도 어떤 여행객도 알려 주지 않은 새로운 장소를 발견할 수 있었다."

우연 덕분에 모든 곳이 베니스가 된다.

신은 본질적 선에 의해 지배된다고 믿는 라이프니츠 학파 이전의 사상보다는 데카르트의 초월적 신(신은 원하기만 한다면 2 더하기 2를 5로 만들 수 있다)을 선호하는 스피노자(그러나 그가 말하는 신은 필연이다)를 이렇게 이해해야 한다. "무조건적으로 신의 의지에 복종하고, 모든 것은 신의 기쁨에 따른다는 이러한 견해가 **신은 선행을 고려하여 행한다는 견고한 믿음만큼이나 진실과 거리가 있음**을 인정한다. 신의 의지와 기쁨에 따른다는 견해를 추종하는 자들은 신의 범주 밖에, 신에 의존하지 않는 '어떤 것'을 마련해 놓은 듯하다. 그리고 신은 확고한 목표를 향해 나아가듯 그 '어떤 것'에도 손을 내미는 듯하다"라고 스피노자는 말한다. 다시 말해, 변덕이 윤리보다 낫다. 왜냐하면 변덕에는 필연이나 우연과 마찬가지로 의도가 없기 때문이다.

현실은 변덕스러운 신의 작은 즐거움일 수 있다. 이때의 신은 단지 자신이 원한다는 이유로 자신의 즐거움을 실현하고자 한다

(데카르트). 혹은 현실은 창조 이전부터 존재하며 영원한 신, 그 자체일지도 모른다(스피노자). 이 둘 중 어떤 것이 현실이든 별 상관은 없다. 급진적 자유와 절대적 필연성, 오직 이 두 가지만이 어느 누구에 의해서도 강요되지 않는 신을 위한 방식이다. 우주의 우연성은 멀리 떨어진 신의 선택이 아닐 수도 있으며, 우주의 필연성은 신 자신과 혼동된다. 그런데 이 우주의 우연성과 필연성은 서로 전혀 구분되지 않는다. 이 둘은 하나다.

세상이 이런 것이든 또는 저런 것이든, 있는 그대로의 모습이든 또는 우연이든, 아주 옛날부터 존재했든 신이 손가락을 튕겨 창조했든, 불합리하든 수수께끼든, 신이 모든 것 위에 존재하든 또는 모든 것 그 자체든, 모든 것이 신의 섭리에 따라 행해지든 아니면 존재하는 모든 것들과 같이 신 또한 필요에 의해 행해지든, 신이 모든 것을 원하는 대로 하든 혹은 신이 모든 것 그 자체든, 결국 다 거기서 거기다. 어느 경우에나 세상은 놀이를 하는 어린아이 같다.

니체는 말한다. "세상의 일반적 특징은 원래부터 혼돈이다. 필연성의 부재라는 의미에서가 아니라, 오히려 그 반대로 질서, 분절, 형태, 지혜, 그리고 일종의 심미적 신인동형론[02]의 의미에서 볼

---

02 神人同形論: 신, 영혼, 자연현상 등에 인간의 특성을 귀속시키는 것.

때 그러하다……."

　여기저기 모든 곳에서, 모든 것들이 우연이며 또한 필연이다. 우연히 태어났다는 말이 다른 곳, 다른 때에 태어날 수도 있었을 것이라는 의미가 아니라―이는 불가능하다. 왜냐하면 그런 일은 일어나지 않으니까―한 사람의 탄생은 그가 살고 있는 삶과는 상관없다는 말이다. 원인과 결과가 그물처럼 얽힌 한가운데 '우연'과 '일치'가 놓여 있다. 제아무리 그것을 지식으로 품어 낸다 하더라도 마치 메아리처럼 그 뒤를 따르는 직감, 즉 세계는 신비로운 동시에 명쾌하고, 설명할 수 없으면서 절대적이고, 따라서 이유가 없다는, **우연의 느낌**마저 지우지는 못한다. 미스터리의 부재는 우리를 맹목적 우연으로 이끄는 영원한 초대장이다. 우연은 우리를 길들인다. 마치 증거 불충분에 의한 특혜를 생에 부여하듯이, 또는 세상의 모든 현상에 드러나는 행복의 수수께끼를 예술가가 풀어보려 열중하듯이 말이다.

철학자 사용법

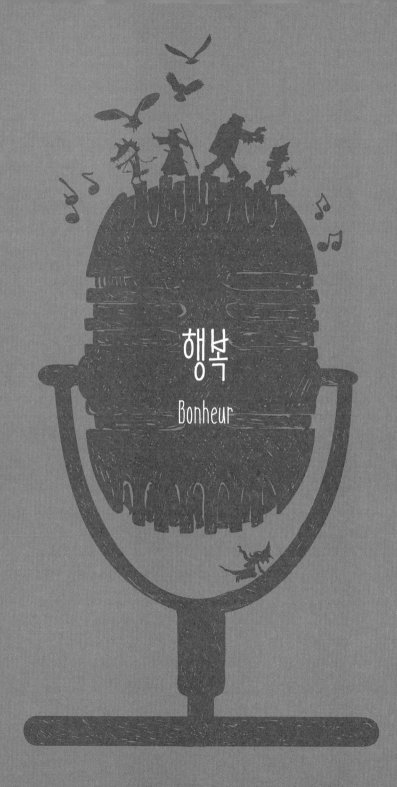

행복

Bonheur

그녀는 행복의 덧없음을 알고 있는 것 같다.
자신이 행복의 길을 보여 주고 있음에도 말이다.

_프루스트

어째서 행복은 그토록 슬픈가?

마치 그림자처럼 그 뒤를 따르는 고통은 어디서부터 오는 걸까? 그저 삽입구일 뿐인가…… 마침표인가?

사실 행복은 그 단어의 위협적인 불변성을 지참금으로 (그리고 해독제로) 삼고 있다. '소돔과 고모라'[01] 속 푸생 부인처럼 말이다. 화자는 '너는 그 소식을 내게 전하게 될 거야'라는 별명을 그녀에게 붙였는데, 그 이유는 그녀가 끊임없이 그 말을 내뱉으며 딸들에게 다가올 불행에 대해 경고하고 있기 때문이다. 행복의 경험은 그 행복이 언젠가 끝날 것이라는 두려움과 떼려야 뗄 수 없다. 자신

---

01 마르셀 프루스트의 7권짜리 소설 《잃어버린 시간을 찾아서》 중 한 편이다.

이 행복하다는 사실을 깨닫자마자 그 행복이 끝날 것임을 아는 자야 말로 행복한 사람이다. 행복하다는 사실을 알고 있다는 것은 그 행복이 계속되지 않을 것임을 또한 안다는 뜻이며, 그러므로 이 행복이 끝나지 않기를 혹은 더욱 행복해지기를 바란다면, 이미 행복은 끝이 난 상태인 것이다. 행복에 관한 한 시작은, 끝의 시작이다. 우리는 행복을 갈망하지만 행복은 우리를 지루함에 빠뜨리고, 그런 다음 사라져 버린다. 불행히도 이 행복은 사라지는 두통이며, 멈출 때 기쁨이 찾아오는 고통이다. 행복에 앞선 고통은 행복의 보석상자인 동시에 행복의 조건이다. 만약 삶의 고통을 존재의 기쁨으로 대체할 줄 알게 된다면 우리는 행복해지려고 애를 쓰게 될까? 우리가 행복을 소망하건 추억하건, 다가올 행복이건 혹은 이미 끝난 행복이건, 행복은 언제나 슬픔이다. 뒤늦게 모습을 드러내며 행복의 귓가에 "서둘러"라고 속삭이는 행복의 마약은 자신의 재물에게 불행이 다가올 것임을 약속한다. "나는 꼭 행복해지길 원하는 건 아냐. 나는 삶을 더 원해. 행복이란 놈은 요물이며 고약한 것이기 때문에 그놈에게 살아가는 법을 가르쳐 줘야 해…… 나는 모든 것들을 다 겪어 보기 전에는 행복을 경험하고 싶지 않아." 《자기 앞의 생》의 주인공 모모는 이렇게 말했다.

참으로 부당하게도, 행복은 자신이 제거하는 것의 현존(우선권)을 드러내 보여 준다. '덧없는 행복'이라는 중복법pleonasm은 무사태평에서 벗어나 부담스러운 지혜를 되찾았음을 보여 준다. 어떤 만족도 지속적으로 만족스러울 수 없다는 확신, 정신적 동요는 어떤 꾀를 부리더라도 해결할 수 없다는 무한히 고통스러운 인식 말이다. 모든 행복주의, 행복의 철학이 모순적이게도 전혀 유쾌하지 않은 공리를 기초로 삼는 것도 이런 이유 때문이다. 모든 게 힘들다. 그러므로 '오늘을 붙잡아라(ergo carpe diem)!' 호라티우스가 오늘을 붙잡으라고 한 것은 미래를 믿을 수 없기 때문이었다. 디드로가 한 인간이 이 세상에서 경험할 수 있는 모든 행복을 찾으려고 한 것은 세상에 더 이상 희망이 없다고 생각했기 때문이다. 몽테뉴가 행복한 삶을 선택한 것은 소중한 친구가 죽었기 때문이다. 루크레티우스는 다음과 같이 썼다. "쾌락의 샘 한가운데서 뭔가 씁쓸한 것이 솟아오른다. 열락을 느끼는 그 순간에도 그것은 당신의 목구멍 속에 걸려 있다." 그와 반대로 칸트는 행복을 인간에게 합당하지 않은 이상으로 간주했다. 행복이 경험적이고 각자에게 상대적이라는 이유 때문만은 아니다. 더 근본적으로, 칸트의 모든 철학은 우리 삶의 공허함을 극복하기 위한 의미에 대한 탐색이기 때문이다. 또한 집단적인 행복을 구축하려는 모든 정치적 프로젝트가 불가피하게 전체주의적일 수밖에 없는 이유는 행복에 대해 다른 생각을 품고 있는 이들에게 특정 행복을 강요하기 때문만은 아니다. 행복의 도래를 늦추는 장애물들을 제거하고, 불행을 행복에 도달하리라는 희망에서 얻어지는 행복으로 대체할 경우 인간의 삶이 지루해질 수도 있기 때문이다. 쇼펜하우어는 예견한다. "만물이 스스로 자라고, 잘 구워진 종달새가 입 주위를 날아다니고, 모든 사람이 마음만 먹으면 즉시 사랑하는 이를 찾을 수 있고, 어려움 없이 사랑을 가질 수 있는 그런 낙원 같은 세상에 사람들을 집어넣어 둔다면, 그렇게 되면 아마도 사람들은 지루함으로 죽어 버리거나, 목을 매거나, 싸움박질을 하거나, 자살하거나, 혹은 지금 현재 자연이 그들에게 주고 있는 고통보다 더 큰 고통을 스스로 만들어 내게 될 것이다."

행복이 불가능하다고 해서 행복으로부터 등을 돌리는 것이 옳은 일일까? 실망스럽다는 이유로 행복을 등지는 자는 "좋은 음식을 영원히 먹을 수 없다는 이유로 독약이나 치명적인 음식을 몸에 채워 넣거나 영혼이 영원불멸하지 못하다는 이유로 이성은 거부하고 광인이 되고자 하는" 사람과 같은 것이 아닐까?(스피노자) 이면에 있는 불행에도 불구하고 우리는 행복을 사랑해야 하며, 영원하지 않은 행복을 용서해야 하고, 독이 든 행복의 열매를 입 안 가득 넣고 맛보아야 한다. 행복은 하나의 통념으로서 그것에 대한 탐구는 앎의 시작이 될 수 있다. 행복이 달아날까 두려워 피하는 자는 죽을까 두려워 스스로 목숨을 끊는 자와 같다. 행복은 스스로 구원하는 자를 구원한다.

철학자 사용법

멜랑콜리

Mélancolie

나는 있는 그대로의 세상을 받아들인다.
각자 자신의 역할을 연기하고 있는 이 무대에서
내가 맡은 배역은 비극의 주인공이다.

_안토니오[01]

01 셰익스피어의 희극 〈베니스의 상인〉에 나오는 등장인물.

이것은 아침의 피로감이다.

부드러운 광기이며 평화로운 착란증이다. 삶에 대한 경멸, 그러나 죽음에의 열망도 없다. 걱정 없는 '무슨 소용이야?'이며 분노 없는 슬픔, 아무도 필요로 하지 않는 자기 내면으로의 후퇴, 인생의 작은 괴로움, 무중력 상태의 슬픔, 비폭력적 고통, 절망이라기보다는 차라리 혼란이다. 우울증에 시달리는 사람에게는 인생 그 자체를 제외한 모든 것이 조금씩은 슬프다. 그들은 인생의 무미건조함을 사랑한다…… 멜랑콜리의 존재는 드라마가 아니라 불치병 환자 내면의 방황이며, 무엇으로도 설명할 수 없고 불평할 필요도 없는 인내다. 끊임없이 미뤄지고 있는 자살의 가능성으로부터 멜랑콜리가 물려받은 것은 유예된 죽음에 대해 호기심의 눈으로 세상을 응시하는 기술이다. 그러한 시선은 그림이나 사건 속 변절자를 자연스레 책의 한 페이지로 만들어 버린다. 에밀 시오랑[02]은 이렇게 말한다. "무덤의 박공에 이렇게 새겨야 한다. 비극적인 것은 아무것도 없다. 모든 것은 비현실적이므로." 멜랑콜리는 우주를 감정의 영역으로 끌어들임으로써 현실을 꿈의 범위로 옮겨 놓는다.

기억한다는 것은 잊기를 잊는다는 말이다. 잊는다는 것, 이것은 기억했었다는 사실을 기억하는 것이다. 노스탤지어와 반대로 멜랑콜리는 기억으로부터가 아닌 자신에 대한 의식적인 망각으로부터 태어난다. 태어난 곳 없는 유배지, 노쇠한 흡연자처럼 혀끝에 맴도는 단어 멜랑콜리는 기억상실적 결핍 또는 채워지지 않는 부족함을 경험한다. 사랑의 고통은 언젠가는 사랑 때문에 고통스러워할 일이 없게 되리라 예감하는 고통만큼 큰 고통이다. "내게 남은 미래의 희망은 오직 한 가지뿐이었어요. 두려움보다 훨씬 더 가슴 아픈 희망, 바로 알베르틴을 잊는 것이었지요"라고 《잃어버린 시간을 찾아서》의 화자는 자신의 임종을 상상하며 상심한 채 말한다. "멀리서 보면 푸르던 언덕이, 가까이 다가가서 보면 평범하고 그저 그런 것들로 채워져 있는 것처럼, 모든 것은 절대적 세계를 떠나 버렸고, 남은 것은 서로 비슷비슷할 뿐이었지요. 강렬

---

02 Émile-M. Cioran(1911년~1995년): 루마니아 출신의 프랑스 수필가, 비평가.

하고 끈질긴 욕망의 대상이 더 이상 존재하지 않고, 대신 늘 같은 꿈의 경향만 남을 때 제 실망이 더욱 깊어지는 경험을 했습니다."

멜랑콜리는 취미 같은 슬픔이다. 어떤 외적 이유도 동반하지 않은 '왜 그런지 모르겠어'이다.

멜랑콜리는 연극적이다. 염색된 흰머리, 친구의 진실성 없는 과장된 웃음, 독특한 〈짐노페디〉03 첫 소악절의 아홉음―이 음계는 시작의 효과와 마지막의 웅장함을 함께 제공한다―과 같은 것들이 없는 연극, 멜랑콜리에는 원인이 없다. 이유보다 앞서면서 이유를 만들어 낸다. 우울한 척하면서 우울해진다. 히포콘드리04가 건강에 이상이 없는데도 아프다고 믿는 사람들의 병리학적 증상인 것처럼 멜랑콜리 역시 발생 원인이 그 자신에게 있다. "얼마 전부터 왜 그런지 이유는 모르겠지만 모든 즐거움을 잃어 버렸다"라고 햄릿은 고백한다. 덴마크 왕자를 멜랑콜리에 빠져들게 만든 것은 오필리아의 정숙함도, 광대의 지성도, 아버지의 피살도 아닌 햄릿 자신이다. 그는 우울한 척 자신의 역할에 빠져들어, 스스로 흥분한 것이다. 무릎 꿇기가 믿음보다 앞서고, 존재가 본질보다 앞선다. 멜랑콜리는 느껴지기도 전에 모습을 드러내는 법이다. 우리는

---

03 20세기 음악계의 이단아 에릭 사티Erik Satie(1866년~1925년)가 1887년에 작곡한 곡.
04 hypochondria: 건강 염려증.

멜랑콜리에 빠진 사람에게 '폼 잡는다'고 하지 않는가? 허무함에 빠져들기 전에 그는 예감한다. 모든 것은 스스로 실감하기도 전에 이루어진다는 사실을, 그리고 인간은 배우이자 동시에 관객이며 자기 인생의 구경거리가 될 수 있다는 사실을.

탄생과 죽음의 수수께끼 사이에 낀 존재에 엄격하리만치 충실한 멜랑콜리는 몽상과 마찬가지로 그 중간에서 산책한다. 빗물이 멜랑콜리를 형상화한 것이라면, 그것이 우리의 눈물과 닮았기 때문이 아니라 지칠 줄 모르고 꾸준하기 때문이다. 가을이 멜랑콜리의 계절이라면, 그것이 죽음을 이야기하고 있기 때문이 아니라 딱히 꼬집어 말할 수 없는 풍취를 가졌기 때문이다. 멜랑콜리가 세상을 회색빛으로 뒤덮고 있다면, 그건 멜랑콜리가 난해한 마법서이기 때문이다.

프루스트는 말한다. "화를 내는 이유가 아주 사소한 동기밖에 없는 사람은 터져 나오는 자신의 목소리에 완전히 도취되어 불만이 아니라 점점 커져 가는 자기 화에 못 이겨 분노에 사로잡혀 버린다. 그처럼 나는 내 슬픔의 경사로에서 점점 더 빨리, 더욱더 깊은 절망을 향해 굴러갔다. 자신을 사로잡는 한기를 느끼는 자의 무기력을 느끼며 나는 싸울 생각조차 없이, 일종의 기쁨에 몸을 떨기까지 한다."

슬픔은 사라지는 것들을 비통해 한다. 멜랑콜리는 모든 것은
지나간다고 말한다. 멜랑콜리는 슬픔 위에서 존재의 순수한 행복
을 경험한다.

유머

Humour

죄 없는 자, 먼저 저 여인을 돌로 쳐라!

_나사렛 예수

격투장에서 멋지게 죽고 싶지만 일찍 일어나기는 죽어도 싫은 귀족주의자, 뗏목에 함께 살아남은 동료가 채식주의자라는 사실에 기뻐하는 조난자, 기둥에 대고 "실례합니다, 선생님"하고 말하는 얼간이, 팽창하는 우주가 브루클린을 끝장낼 수 있다는 사실을 알게 된 날 숙제하기를 거부하는 꼬맹이, 슬로건이 가득한 군중의 흐름과 반대 방향으로 가면서 '등이 아파요'라고 쓰인 피켓을 흔들고 있는 난쟁이…… 이들 모두는 각자 자기들 방식의 훌륭한 유머로 불복종을 표출한다. 우디 앨런은 말한다. "주말에는 신이 없는 것은 고사하고, 배관공조차 찾을 수가 없다." 유머는 이기주의를 최고의 코미디로 바꾸고, 어마어마한 것을 자질구레한 것으로 치부하고, 약자에게 선택의 여지를 준다. 유머는 정확하게 표현할 때조차 언제나 옆으로 살짝 비켜 있기 때문에 그 어느 것도, 어느 누구도 유머의 대상에서 제외될 수 없다. 얀켈레비치[01]는 말한다. "유머는 유대인들에게 있어서 박해자들로부터 도피하는 수단이었다. 그러나 유머는 그들로부터 또 다른 것을 요구했다. 바로 스스로를 조롱하는 것이었다. 왜냐하면 기존의 우상은 전복되었고, 가면이 벗겨진 채 쫓겨났지만, 그를 대체할 우상이 나타나지 않았기 때문이다." 전체의 일부분만을 취하고, 고귀한 자를 그로테스크한 자로 만들어 버리는 유머는 우리를 조롱하는 모든 것들을 조롱해 주며 힘든 삶을 말장난으로 바꾸어 버린다. 데프로주[02]는 말한다. "나보다 더 암적인 너는 죽으리." 유머는 총살 집행자로부터 도망치는 것과 같다. 유머의 출발점은 웃을 일 없는 세상이다.

아니, 어쩌면 세상은 웃음거리투성인지도 모른다. 파스칼은 말한다. "인간만 한 키메라[03]가 어디 있겠는가? 인간이야말로 새로움, 괴물, 혼란, 모순덩어리, 천재가 아닌가? 세상 만물의 심판자,

---

01 Vladimir Jankélévitch(1903년~1985년): 프랑스의 철학자. 베르그송의 서문이 붙은 처녀작 《베르그송론》으로 유명해졌다.
02 Pierre Desproges(1939년~1988년): 프랑스의 유머 작가.
03 chimera: 한 개체 내에 서로 다른 유전적 성질을 가지는 동종의 조직이 함께 존재하는 현상.

멍청한 지렁이, 진실의 위탁자, 불확실성과 실수의 시궁창, 우주의 영광이자 쓰레기……." 생각해 보면, 이유 없이 태어난 필멸의 존재 자체가 드라마틱하기보다는 오히려 우스운 일이다. 존재의 비극이 존재를 장난으로 만들어 버린다. 죽음이 없었더라면 유머도 통하지 않았을 것이다. 죽음이 있어서 웃음이 있다. 유머가 세상을 비웃는다면 이것은 세상이 우리를 비웃는 것과 같은 것이다. 유머는 인간의 피를 타고 흐른다. 장난기 넘치는 신은 인간에게 웃거나 울 수 있는 선택권을 남겨 주었다. 기트리[04]는 말한다. "자, 이제 그만 평화롭게 지냅시다. 헤어지는 게 좋겠어요." 유머는 즐거움으로 무장한 권력이다.

유머는 잘게 분해하기엔 너무나 생명력이 강하고, 결코 한 자리에 머물지 않는다. 분자를 볼 수 있게 해 주는 동시에 파괴해 버리는 빛과 마찬가지로, 유머를 분석하면 유머를 잃게 되고, 분석을 통해 발견한 이유들의 실타래 속에서 유머는 희석된다. 생성의 옷감 위에 번개 같은 속도로 재단된 유머는 생의 비약이다. 유머에 대한 분석은 '박수' 사인 혹은 사전 녹음되어 장면 중간중간에 삽입되는 웃음소리만큼이나 해롭다. 유머에 대한 어떠한 분석도 유머

---

04 Sacha Guitry(1885년~1957년): 제정 러시아 태생의 프랑스 극작가, 배우.

를 죽일 뿐이다. 거침없이 솟구치는 재담을 해독하는 것은 그 수액을 빼앗는 것과 같다. 꽃과 풀과 샴페인과 떨리는 육체를 약속하는 젊은 청년에게 "그럼 내 책상은요?"라고 묻는 랭보의 니나[05]에 대해, 왜 그녀가 그런 질문을 하는지 알려고 하지 말라. 재치 있는 말, 신랄한 대꾸가 갖는 수수께끼를 풀어 보려 애쓰지도 말라. 유머는 진실의 반대이면서, 은혜로운 성령이 진실한 자에 내리는 변덕스러운 수업이다. 자신에 대한 무비판적 사고를 경고하는 유머가 없을 때 일반적으로 독단주의가 드러나기 쉽다. 누군가가 웃기다면, 그 사람이 무례한 사람이기 때문이 아니라 웃긴 사람이기 때문에 무례한 것이다. 유머도 천재성이나 멜랑콜리와 마찬가지로 원인을 찾을 수 없다.

안켈레비치는 또 이렇게 말한다. "유머는 구축해야 할 왕권도, 복권해야 할 왕좌도, 가치를 부여할 어떠한 권리 증서도 없으며 튜닉의 주름 안에 검을 숨겨 놓지도 않는다. 유머의 역할은 꽉 막힌 현실의 정의를 회복시키는 데 있지 않다. 힘으로 힘에 맞서는 것도 아니며, 차라리 승자의 승리를 의심과 불확실로 대체하고 맨정신으로 정복자의 목을 비틀어 버리는 데 있다."

아이러니—'거렁뱅이로 변장한 왕의 인내심'—는 완곡한 표현으

---

05 〈니나의 재치 있는 대꾸〉는 랭보의 초기 작품 중 하나.

로 대상이 되는 재물을 끌어내 그 의미를 고정시켜 버리는 데 반해, 유머는 대상 없는 탐색이며, 그 모호한 방랑은 늘 호기심을 샘솟게 한다. 미소와 조롱 사이에는 크나큰 차이가 있다. 미소가 승인, 미성숙, 반전이라면, 조롱은 기술적, 전술적, 교훈적이다. 유머는 목적이 없지만 아이러니는 이면에 항상 다른 목적이 있다. 아이러니는 신성모독이라는 미명하에 종교를 조롱하고, 관대함이라는 이름하에 스캔들을 고발하며, 더 심하게는 선의 이름으로 불의를 조롱한다. 한편으로는 별을 관찰하느라 발아래 우물을 보지 못한 탈레스의 부주의함을 비웃는 푸자드주의[06]이며, 다른 한편으로는 산만한 나머지 무한함을 무의미함 아래 종속시켜 버리는 정신 나간 학자다.

에르제[07]의 작품 〈땡땡의 모험─신비의 별〉을 보면, 지구와 충돌할 예정이었던 (동시에 칼리스 박사를 유명인으로 만들어 줄) 소행성이 불과 4만 킬로미터 거리에서 가까스로 비켜 갔을 때, 칼리스 박사는 자신의 조수에게 대수롭지 않다는 듯, "이럴 수가", "이 녀석아"라고 말한다. 마치 조수의 계산 실수가 행성의 궤도를 빗나

---

06 Poujadism: 1953년 프랑스의 서적 문구상 푸자드가 중소 상공업자의 세稅 부담에 불만을 품고 일으켰던 반의회주의적 극우운동으로 점차 그 성격이 권위주의적인 파시즘의 성향을 띠게 되었다.
07 Hergé(1907년~1983년): 유럽 모험 만화의 시초인 〈땡땡의 모험Les Aventures de Tintin〉 시리즈 작가.

가게 하기라도 한 것처럼, 마치 지구의 종말이 개인적 영광의 종말
보다 덜 중요한 것처럼 말이다. 마찬가지로 만약 아도니스 행성
이 달 탐험 로켓과 충돌했더라면(〈달나라에 간 땡땡〉 참조), 세상의
종말은 물론이고, "최악의 경우" 해바라기 박사는, 자신의 습관적
표현대로, "모든 계산을 다시 시작해야" 했을 것이다……. 이 이
야기에서 불치의 정신병적 증상을 보든, 아니면 반대로 또 다른 행
성에 살면서 다가올 재앙을 대수롭지 않게 취급하는 자들의 우월
한 지혜를 보든 그것은 당신의 자유다.

철학자 사용법

여론
Opinion

시위: 같은 의견을 공유하는 사람들이 한자리에 모여
자신들의 정치적 요구를 큰소리로 외치며
공개적으로 표명하는 행위.

_스테판 르그랑

어째서 사람들은 남들에게 들어 본 적이 없다는 이유로 어떤 주제에 대해서건 편견 없이 판단하고 자유롭게 발언하는 척하며, 누구나 알고 있는 뻔한 사실들을 증명하려 공연히 헛수고를 하는 것일까? 누구나 알고 있는 일반적인 생각을 하면서도 자기 혼자 힘으로 생각해 낸 것이라고 여기는 것은 얼마나 우스운 일인가?

모든 의견은 서로 비슷비슷하다. 흔히 자신만의 개인적 견해인 듯 의견을 제시하지만 그들의 의견은 개인의 집단적 특성을 그대로 드러내고 있다. 그들은 "저는 이렇게 생각합니다"라고 자랑스럽게 떠벌리고, "제 의견은 이렇습니다. 그 의견에 동감합니다"라고 말한다. 이는 동감의 기쁨, 같은 의견을 갖고 있는 이들과의 공유의 즐거움이 없다면 '나'는 어떤 것도 함께 나누지 않겠다는 뜻을 포함하고 있다. 즉 '나'는 다른 이들과 아무런 의견도 나누지 않겠다는 것과 같은 말이다.

지식은 우리를 구분하지만 무지는 우리를 하나로 묶어 준다. 자신이 무슨 말을 하고 있는지 모를수록 사람들은 더욱더 다른 이들과 똑같이 생각하고 말하려고 애쓰며 흔해 빠진 주장만이 난무할 뿐이다. 남들과 차별되는 자신만의 생각을 표명할 권리를 내세우지만, 결국 여론이란 군중 효과이며, 자신과 비슷한 생각을 갖는 동지를 필요로 하는 두터운 교감인 것이다. 예를 들어, 사형 제도 지지자에게 아무리 사형 집행이 정의에 바탕을 둔 것이 아니라 복수에 바탕을 둔 행위이기 때문에 결과적으로 법률적 행위의 대상이 될 수 없다고 강변한들, 상대방은 자신의 양심에 따라 (다시 말해 다수의 여론에 따라) "살인자의 목숨이 희생자의 목숨보다 더 보호받을 가치는 없다"는 견해를 굽히지 않을 것이다. 여론은 내 안의 군중이고, 자기 진영 내 유일한 존재라는 기쁨 속에 감추어진 일종의 법이며, 또한 1인 의회로서 그 안에서 정당이 되고 국민이 되어 의제를 비준한다. 의회 내 다수당이므로 이해, 경청 따위와는 거리가 멀다. 걸핏하면 '나는'이라고 말하지만 사실 진짜 주어는 '사람들은'이며, '사람들이 말하기를'이라는 표현은 '나'에게 핑곗거리를 제공한다. 의견 표명을 위한 특별한 표현이기도 한

철학자 사용법

이 말은 같은 생각을 가진 집단의 외침과도 같기 때문이다.

스피노자는 말한다. "사람들은 이성보다 여론에 더 많이 끌린다." 또한 베르그송에 의하면, "우리가 가장 고집하는 여론은 사실 설명하기가 정말 어려우며, 어떤 여론을 채택함에 있어서 뒷받침이 되는 논리는 사실 별 영향을 미치지 못한다." 이성이 여론에 미치는 영향력은 정신이 육체에 미치는 영향력보다 크지 않다. 여론에는 이성으로 설명할 수 없는 그 나름의 논리가 있다. 여론은 언제나 기분에 좌우된다는 것이 바로 그것이다. 그 자체로 이해 가능하거나 경험되고 내재되어 절대적 가치로 인지되지 않는 한, 어떠한 진실이나 지식도 억견doxa의 유혹을 극복하지 못한다.

다수의 의견이 곧 개인의 견해가 된다는 점이 시사하는 바는, 모든 여론에 공평한 권리를 부여함이 마땅한 민주주의 사회에서 사실은 진정한 의미의 토론이라는 것은 존재하지 않음을 의미한다. 그저 상호 간의 논쟁이 있을 뿐이며, 이때 서로 다른 의견을 대변하는 대표들은 충분한 논리나 생각을 갖추지 못한 채, 오히려 상대방의 논리에 동화되어 그들을 기쁘게 하게 되지나 않을까 두려워하는 자들이다. 그들이 하는 일이라곤, 그저 상대방이 빨리 발언을 마치기를 기다리며 그들이 다시 발언의 기회를 잡기 전에 자신이 충분히 길게 발언하게 되기를 바라는 것뿐이다. 이러한 '여론 조사'는 의견의 대립이 아닌 시련을 유발한다. 여론을 보호하는 정치체제 안에서 교류와 대화는 사라지고 대신 그 자리에는 웅변적 수사와 넥타이 색깔이 그 어떤 논증보다 더 큰 힘을 발휘하는 히스테릭한 독백의 나열만이 남는다. 그러므로 사람들이 입증 가능한 논쟁만을 하고 지지를 얻을 만한 견해만을 내세우는 것은 우연이 아니다.

이스라엘과 팔레스타인 사이에 새로운 갈등적 요소가 발생할 때마다 프랑스를 비롯, 전 세계에 거주하는 유태인과 이슬람 진영의 대표들은 '평화적 공존'과 '이성의 회복'을 촉구하지만 이는 공염불에 불과하다. 왜냐하면 이들에게 무엇보다 효과적이며 필요한 것은 자기반성의 용기이기 때문이다. 프랑스 무슬림평의회가 하마스의 테러 행위에 대해 통탄하기 시작하고, 프랑스 유태인조직 대표자회의가 가자 지구 민간인 지역에 대한 폭격에 앞장서서 분노를 표명한다고 상상해 보자. 양측의 대변인이 자기 진영의 나팔수가 아니라 교육자들이라고 상상해 보자. 그렇게 되면 양측의 대립은 각기 자기 진영 내부의 공개적 토론으로 바뀔 것이며, 적대적 관계는 서로 머리를 맞대고 마주보는 관계로 변할 것이다. 이 것이 효과가 있으려면 대화의 촉구는 무엇보다도 진영 내부 자기편끼리의 대화로 향해야 하며, 그간 이론의 여지가 없었던 여론을 완전히 바꾸도록 유도하는 방식이어야 한다. 물론 갈등이 발생했을 때 "이성적으로 해결하자"는 촉구는 당연하지만 거기에는 전제조건이 있다. "이성적으로 해결하자"는 것은, 피의 이름을 내세우는 외침은 이성을 증명하는 방식의 외침이어야 하며, 자신만의 진실을 내세우기보다 눈앞에 마주한 여론을 똑바로 직시하는 것이며, 유대인 혹은 이슬람으로서 행동하기에 앞서 인간으로서 생각하는 것이며, 그동안 자신이 품고 있던 생각으로부터 벗어나 자신의 마음속 깊숙이 내재되어 있는 사상과 정체성에 의구심을 갖는 용기를 내는 것임을 기억해야 한다. 그 외에 어떤 다른 방법으로도 작금의 휴전 상태를 평화로 대체할 수 없고, 자신만이 진리라고 여기는 아집 대신 평화적인 토론을 성사시킬 수도 없다. 하지만 민주주의는 여론을 신봉한 나머지 거짓 대화를 만들어 낸다. 대화의 참가자들은 자신의 신도들로부터 위임받은 대변자들로서, 상대를 설득시키려는 고민도, 자신들이 잘못 생각하고 있음을 인정할 여력도 없는 자들이다.

바슐라르는 말한다. "학문은 기본 원칙에 있어서나 학문적 완성도를 위해서나 여론과는 대척점에 있다. 만약 학문이 여론을 인정하는 특별한 경우가 발생한다 하더라도, 이는 여론을 뒷받침하는 논리와는 전혀 다른 이유에서 비롯된 것이므로, 따라서 원칙적으로 여론은 언제나 그르다. 여론은 생각을 못한다. 생각이 없다. 필요한대로 말하는 것일 뿐이다." 급진공화파로부터 위키피디아에 이르기까지, 그라쿠스 바뵈프[01]로부터 세골렌 르와얄[02], 그리고 참여 민주주의, 청취자 참여 라디오 프로그램에 이르기까지 학문과 여론의 혼동은 민주주의적 편견의 전형적인 예를 보여 준다. 민주주의적 편견이란 다시 말해 평등에 대한 맹신이며, 학문에조차 법률적 등가 원칙을 적용하고자 하는 시도이다. 여론은 지식을 보편적 특권으로 받아들인다. 프루스트는 말한다. "인권선언을 접한 호텔 지배인은 'envergure(앙베르귀르)'를 자기 마음대로 'enverjure(앙베르쥐르)'로 발음할 권리가 있다고 주장하며, 자신의 업무 영역이 아닌 일로 지시받기를 거부하고, 결과적으로 혁명 이후로는 어느 누구도 그에게 뭐라고 불평할 수 없게 되었다. 왜냐하면 우리는 모두 평등하니까 말이다." 여론에는 허세가 깃들어 있다.

인간의 마음속 깊은 감정에 호소하는 선동가들은 여론을 주무르지만 여론은 이를 신경 쓰지 않는다. 이 변덕스러운 교리는 지

---

01 Gracchus Babeuf(1760년~1797년): 프랑스혁명 시대의 철학자, 혁명가.
02 Segolene Royale(1953년~): 현 프랑스 환경부 장관. 2007년 사회당 대표로 대통령 선거에 출마했으나 니콜라 사르코지에게 패했다.

나치게 자만심에 사로잡힌 나머지, 그 근간을 뒤흔들 수 있는 반론들에 주의를 기울이지 않는다. 사람들이 내세우는 주장의 내용은 그리 중요하지 않다. 단지 중요한 것은, 우리의 정신은 이미 둔감해져 있으며, 여론은 이런 정신에 복수심이 내포된 평화를 약속하고 있다는 것이다. 콜루슈[03]는 말한다. "보이는 것을 보고, 들리는 것을 듣는데, 생각나는 것을 생각하는 것은 당연하지 않은가!" 여론이 이 모든 것을 말해 준다.

---

03 Michel Coluche(1944년~1986년): 프랑스의 배우이자 희극인.

몽상

Rêverie

써 봤자 무슨 소용이랴? 모든 것이 내게 새겨지는 것을.
사물의 흔적 스스로 젖어 들도록,
스스로 해독되도록 두는 것이
어쩌면 순수한 시일 것이다.

_블레즈 상드라르[01]

01 Blaise Cendrars(1887년~1961년): 프랑스의 시인, 소설가.

불을 가지고 노는 것은 달콤한 중독이다. 그것은 방치되어 있는 공터와도 같다. 여기가 황량한 숲인지 혹은 자줏빛 디기탈리스[02]가 널린 정글인지는 그가 각성 상태인지 낮잠을 자는 것인지 그중 어느 한편이 우세한가에 따른다.

오래된 도시의 그림자는 사라진 정복자들의 흔적을 가지고 있다. 오래된 도시의 섬세한 건물들은 자연에 의해 지속적으로 정복되면서 어느 순간 모래성으로 남게 된다. 현실에 대한 욕망이 부재한 몽상가의 만화경 아래, 새들은 저녁놀을 향해 날아오르고, 삼나무는 수영장에 가지를 드리우고, 별빛은 바다에 비추이고, 구

---

02 pavée: 유럽, 아프리카 동북부 등에 주로 분포하는 식물로 독성이 있다.

름은 모양을 만들며 떠 있고, 수련은 하늘 가득 꽃을 피운다. 사물들의 형상은 유연해지고 크기는 느슨하게 부풀려지며 생각은 춤을 춘다. 빛은 그림자로 얼룩져 비추이고, 서로 반대의 것들이 포개지고 녹아들어 섞이면서 처음부터 아름다움에 예속되고 만다. 이것이 바로 몽상이다. 몽상은 명상 이전의 이야기다. 영혼의 눈으로 쳐다본 시선의 훈련이다.

갑작스런, 관념 이전의 세계.

의식과 잠의 후예인 몽상은 이 두 왕국을 뒤섞는다. 마치 취기처럼 몽상은 목적 없이 바라보며 움직인다. 이는 수동적인 활동이며, 끊임없이 계속 시작하는 추구이며, 시선을 두지 않고도 마음을 사로잡는 움직임이다. 즐거움을 위해 몽상은 존재와 지식 사이에, 상상력과 상상력을 통해 얻은 영역 중간쯤에 집착한다. 의식이 쉬고 있는 몽유병자와는 달리 몽상가는 깨어 있는 의식으로 망상에 빠져 이리저리 배회한다. 그는 멍한 채 편히 잠들지 못하는 돌고래처럼 낮 시간에 배회하는 자다. 사람들이 보지 않는 것을 보려 여유 있게 선잠을 즐기면서 자신이 본 것을 중얼중얼 늘어놓기엔 충분히 깨어 있지 않은 상태다. 몽상 속에서 그의 자리가 사라질수록 생각과 이미지들은 조금 더 유연하게 섞인다. 몽상은 서로 모순되는 일 없이 원하지 않는 것을 원할 수 있는 독특한 방식이다. 프루스트는 말한다. "몽상 속에서 우리는 과거로 돌아가려 하고 우리를 이끄는 끊임없는 움직임을 늦추고 멈추려 애쓴다. 그러면서 우리는 생각과 이미지들, 우리가 살아가는 동안 동일한 이름으로 우리에게 다가왔던 인상들이 전적으로 다르게 변하며 조금씩 차례로 겹쳐지는 것을 보게 된다." '내면'에 대한 관조인 몽상은 그것에 몸을 맡기는 사람에게 변화에 대한 격한 감정을 일으킨다. 몽상가만이 풀이 자라는 것을 느끼고 알아차린다.

우리를 둘러싸고 있는 매력적인 것이 되고자 하는 욕망에서 생겨난 몽상은 유용성의 세계의 허물을 벗겨 낸다. 각성 상태에서 이야기를 끌어오고, 수면 상태에서 예지 능력을 끌어오는 몽상은 서로 다투어 밤과 낮을 교대로 멈춰 세운다. 몽상은 즉각적으로 몽상으로부터 되돌아오는 방법이다.

존재한다는 달콤함과 생각한다는 감미로움 사이에, 그 자체로 불분명한 잠과 햇빛이 별을 보지 못하게 하는 무분별한 잠 사이에는 우리에게서 빠져나가려는 것을 엿보는 능력과 매 순간 꿈속에서 사라지거나 의식 중에 간결하게 표현될 수밖에 없는 희미한 여명과도 같은 효력이 있다. 그 사이에 (간혹 펜을 들어 글로 써 보려 하는데) 이러한 능력은 이해 불가한 것을 비물질적인 것으로 대체하고 현실의 상상적 근원을 보게끔 한다. 몽상은 결코 쉬지 않는다.

바슐라르[03] 또한 말한다. "생각은 한데 모아진 몽상이며 몽상은 느슨해진 생각이다." 몽상에 대한 한 가지 교훈은 몽상은 이성이 마음의 길을 찾을 수 있도록 눈을 뜨고 자야 한다는 것이다. 몽상은 숨겨진 의미의 속임수가 아니라 겉모습에 가려진 감각 증진제인 것이다. 그의 성배는 진리가 아니라 뒤섞여 있는 이미지다. 맬컴 라우리의 소설《화산 아래서Under the volcano》의 주인공, 알코올중독자 제프리 퍼민의 이미지를 따라가 보면, 만취 상태의 제프리는 취기로 인해 "아침 7시에 도미노 게임을 하는 타라스코Tarasco 노파를 아름답다"고 생각하거나, 레옹틴 코타르의 아름다움을 예민하게 느낀다. 또 한편 반수면 상태의 레옹틴 코타르는 자신의 남편이 "오쟁이진 남자", "수다쟁이"라는 단어를 써 가며 샤를뤼스 남작에 대해 말하는 것을 들으면서, 샤를뤼스가 유태인이며 말이 많다는 사실들을 알게 되고 그가 "수다스런 유태인"임에는 틀림없다고 결론 내린다. 즉 취기가 오른 상태는 그리 어리석지 않다.

몽상은 다시 몽상으로 되돌아오는 즐거움의 세계와 넉넉하게 조화를 이룬다. 몽상은 친절하게도 현실에게 등을 돌리고 모른 체하는 기분 전환의 지존이다. 사실 몽상은 상상력과 분별력의 재회

---

[03] Gaston Bachelard(1884년~1962년) : 프랑스의 과학철학자, 문학비평가.

를 반긴다. 몽상은 인정받지 못하는 아름다움과 자아를 제쳐 둔 본성을 보게끔 하고, 흥미로움으로 충만한 세계를 꿈꾸는 무사무욕의 비밀을 해방시킨다. 바슐라르는 말한다. "나뭇잎의 떨림 가운데, 클로버 모양의 잎, 녹색을 띤 풀잎에서, 꿀벌이 붕붕거리고 이슬방울이 터지고 바람이 탄식하고 숲에서 희미한 내음이 전해 오는 가운데, 영감의 세계가 온전히 열린다. 무질서한 광시곡과도 같은 생각으로 뒤섞인 놀라운 영감의 행렬이 이어진다." 이것은 좋은 영향을 주는 사람이 세상의 뒷면을 영롱한 광채로 대체시키는 것이므로 바로 소설과도 같다. 소설을 읽음으로써 감정은 배가되고 현실은 다듬어지며 삶이 충분히 밝혀내지 못했을 즐거움과 기쁨이 속박으로부터 벗어난다. 몽상—직관적인 무지 상태—은 몽상가를 조각내어 감각들을 과민 반응하게 만들고, 감수성으로 충만하고 예민하게 만들어 버린다. 몽상은 이행 단계, 일종의 통로다. 그곳에서 표현하고자 하는 것과 분리되지 않아 놀란 어리둥절한 심정은 익숙한 것들을 변화시킨다. 인간에게 변화에 대한 직감을 되돌려주어 유배 상태에서 깨어나게 하는 몽상은 조화로운 푸가[04]다. 때때로 몽상은 주제의 본질에 이르는 것을 가능케 하는 유익한 여행이다.

---

04 fuga: 하나의 성부聲部가 주제를 나타내면 다른 성부가 그것을 자유롭게 모방하면서 대위법에 따라 좇아가는 악곡 형식.

거짓말

Mensonge

내가 네게 묻는다.
"5시부터 6시까지 뭐했어?"
너는 스스로에게 되묻는다.
"5시부터 6시까지 뭐했지?"
이런 식으로 너는 거짓말하고픈 충동에 사로잡힌다.

_사샤 기트리

결코 거짓말을 해서는 안 된다.

그렇기 때문에 가끔 거짓말을 해야 한다.

진실해야 한다는 의무는 반드시 거짓말을 하도록 강요받는다.

진실이 거짓말보다 더 기만적일 때, 이런 일은 종종 일어난다.

진실을 듣게 되는 사람을 희생시켜 '진실'을 바로잡으려 한다는 미명하에 얼마나 많은 고백들이 순전히 미덕에 의해서가 아니라 해를 끼치려는 고약한 취향에 의해 부추겨졌는가? 동정에 의한 것인가 아니면 아르시노에가 알세스트에게 셀리멘의 파렴치함을 폭로하게 되듯 질투에 의한 것인가?[01] 만약 알세스트 자신이 "마음

---

01 아르시노에와 알세스트, 셀리멘 모두 몰리에르의 소설 《인간 혐오자》에 나오는 인물들이다. 도덕적 결벽증이 있는 주인공 알세스트와 여러 젊은 귀족들의

에서 시작된 어떠한 말"도 진심으로 폭로하지 않는다면, 그는 자신이 오만한 인간 혐오자라는 사실을 인정하는 데 소홀했던 것일까? 언제나 진실을 말해야 한다고 주장하지만 고의로 거짓말을 해야만 할 때도 있지 않은가? 간통을 고백하느니 차라리 두 번 바람피우는 것이 낫지 않은가? 거짓말을 거부하고 거짓말을 모면했다고 해서 결코 불성실함에서 벗어나는 것은 아니다. 더구나 거짓말을 할 수 없는 사람을 누가 신뢰할 수 있겠는가?

진실한 거짓말의 승리는 장 자크 루소에게 돌릴 수 있다. 루소는 《달랑베르에게 보내는 연극에 관한 편지》에서 위대한 진실을 찬탄하며 다음과 같이 권한다. "사람들은 프랑수아 극장에서 공연하는 대부분의 작품들을 금지시켰다. 왜냐하면 작품들이 역겨운 괴물 같은 인물들과 잔인한 행동들로 넘쳐 나기 때문이다. 그로 인해 관객들의 눈은 알 필요가 없는 공포와 생각해서는 안 될 심각한 죄악들에 익숙해진다." 다시 말해 '진실'(혹은 '선')이라는 이름으로 관객들에게 극 중의 거짓말을 너그럽게 봐 달라고 요구한다는 것이다. 검열관 장 자크 루소는 스스로 세 번 거짓을 말한다. 한 번은 도덕에 위배되는 사실들을 '거짓된 것'으로 간주했고, 다른 한 번은 사람들이 거짓된 진실들(사실 존재하는데)을 표현하

갈등을 통해 위선과 허위로 가득 찬 당대 사회를 날카롭게 비판하는 내용의 소설이다.

는 것을 금지하였으며, 마지막으로 거짓된 진실을 믿지 않고 인간
이 최선을 향하도록 하는 데 가장 나쁜 것을 보여 줄 필요는 없다
고 주장했다. 이 점에 있어서 루소를 탐독했던 위대한 독자인 임
마누엘 칸트는 '진실'을 의무로 여기고, 거짓말을 '거부'하는 것은,
이를 테면 존엄성을 '파괴'하는 행위라고 주장했다. 루소에 대해
칸트는 "가증스럽고", "결백할 때조차도 유죄"이며, 모든 면에서
정당화될 수 없는, 그야말로 "인간 본성을 더럽힌 진정한 오점"을
남겼다고 말한다. 요컨대 칸트는 "인간적으로 거짓말을 할 권리"
를 거부할 때도 루소는 모순되게, 또한 무지하게 과오를 범하지
않으려고만 한다는 것이다. 하지만 자신과 타인을 위해 결코 거짓
말을 하지 않으려고 노력하는 것만큼 위험한 것이 또 어디 있을
까? 그는 '진실 안에 있기' 위해 진실을 말하는 것만으로는 충분하
지 않다는 사실에 대해 순진할 만큼 무지했던 것이 아닌가.

뱅자멩 콩스탕[02]은 다음과 같이 쓰고 있다. "진실을 말한다는
것은 진실을 알 권리가 있는 사람들에게만 향하는 의무다. 어느
누구도 타인에게 해를 끼치는 진실에 대한 권리를 갖지 않는다."
반대로 모든 사람은 위안이 되는 거짓말을 들을 권리가 있다. 모
든 이들이 사람들은 거짓을 말한다고 생각하며 스스로 또한 자신

---

02 Benjamin Constant(1767년~1830년): 스위스 태생의 프랑스인으로 수필가 겸
   정치가.

을 속이고 거짓을 말하기 때문에 이는 순전히 틀렸다고는 말할 수 없는 망상중이 아닐까. 진실을 가장한 겸손함이 오만함을 부추길 때, 진실을 말하려는 의도는 먼저 의도의 불순함을 드러낸다. 진실은 진실에 가려진 뒤편의 세계이며, 그 욕망은 곧 보이지 않는 속셈이다.

사람들이 알아차리지 못하는 거짓말은 드물다. 완전범죄란 없듯이 틀림없이 성공하는 확실한 거짓말은 없다. 모든 기계장치와 책략이 재구성하여 만드는 즐거움이 있듯이 거짓말도 희미해진 기억의 실수로 재조된 즐거움에 지배받는다. 거짓말은 시비를 걸며 파헤치는 사람들에게 즐거움의 대상이다. 거짓말은 갤리선[03]의 노를 젓는 것과도 같은 고역이며, 말뚝 위에 판을 짜고 쌓아 만드는 술책이며, 원래 있던 사실의 자연스러움을 서투르게 흉내 내어 만든 모조품이다. 진실은 돌발적으로 생겨나지만 거짓말은 계산을 한다. 거짓말을 하는 것은 '외부'의 세계를 다시 축조하는 일과 같다. 무분별한 의도를 가진 거짓의 결합체는 조금씩 몸집을 키우며 속임수로 삶을 모방하면서 완성되어 간다. 거짓말은 저곳에, 진실은 이곳에 있다. 그 둘 사이에는 고심하는 지성과 본능의 정확성

03 노가 많이 달린 군용선.

철학자 사용법

사이에서와 같은 동일한 속도의 간극이 있다. 결국 거짓말은 '자기 기준에서' 어떤 세상에 대한 향수가 영원히 품고 있는 지성에 관한 꿈이다. 그러나 현실에 반하는 보잘것없는 이 거짓 건물에는, 사람들의 시선에 의해, 주저하는 사이 변명거리가 와해되면서 균열이 생긴다. 쌓인 증거들이 그것들이 '입증'해 보이는 것에 대한 의심을 불러일으키기 때문이다. 일관성이 있어야 한다는 부담감에 사로잡힌 거짓말은 사각형 블록이 비뚤게 절단된 포장도로처럼 실수로 비틀거린다. 한편, 거짓말을 하지 않을 때 사람들은 위험 없이 아무것이나 이야기할 수 있다…… 순진무구한 진실은 세밀하게 계산된 거짓말을 속이는 순진한 경이로움이며 또한 거짓말은 가장 순수한 진실을 분열시키는 기발한 골칫거리다. 게다가 진실은 사람을 필요로 한다. 사람이 더 이상 그것을 믿어 주지 않는다면 거짓말에게서 남은 것은 무엇이겠는가?

프루스트는 설명한다. 베르뒤렝 부인[04]은 자신이 소나타 안단테 F#을 들으면 기분이 언짢을 것 같다고 말했기 때문에 "실제로는 머리가 아파서 기분이 언짢은 것임에도 불구하고 그 음악 때문에 자신이 아프다고 생각하기로" 했다고. 그녀가 '작은 무대'에서

---

04 《잃어버린 시간을 찾아서》에 나오는 인물로 예술에 대한 심미안을 가진 인물처럼 보이기 위해 애쓰는 속물이다.

자신의 지위에 맞는 역할에 충실하고자 할 때 가장 좋은 방법은 무엇인가? 무대에서 울음을 쏟기 위해 몹시 괴로운 기억을 몰래 끌어내는 연기자는 진심으로 슬퍼 우는 것이 아닌가? 자신을 **망각하듯**, 자신도 모르는 거짓만이 삶을 열망할 수 있다. 거짓이 진실을 저버리지 않도록 스스로에게 거짓말을 해야 한다.

철학자 사용법

광기

Folie

나는 자연에 순응하는 인간이기에
절대로 인간을 불행하게 만들지 않을 것이다.
사람들과 멀어질수록 그건 삶과 점점 멀어지는 것이다.

_에라스무스

미셸 푸코는 말한다. "광기는 세상에서 가장 많이 분열된 것, '가장 위험스러운 것'이며 어쩌면 가장 친근한 우리의 진실이다."

만약 광기가 그저 정신병이라면 미치지 않기 위해 정신 건강을 유지하려 노력하는 것만으로 충분하다. 그런데 불행히도 사람들은 독단적으로 자신은 미치지 않았다고 믿으면서 광기를 정신착란으로 축소시킨다. 광기를 정신병으로 한정하는 사람보다 더 위험한 사람은 없다. 광기는 해로운 것도 아니고 구경거리도 아니다. 광기가 객관적이면서도 명백한 병적인 것으로, 특수한 경우의 하나로 인식된다면 모든 사람은 정신병원에 보내져야 마땅할 것이다.

데카르트는 지나치게 의심하기를 두려워하면서도 자신의 작품인 《성찰》의 첫 부분에서 광기를 거부하며 몰아세웠다. "뭐라고? 그들은 광인들이다. 물론 나도 그들의 과도한 행동을 따라한다면 도를 벗어날 수 있겠지만. 광인들은 가난할 때조차도 왕이라고 주장하는 사람들이며, 헐벗고, 짐승과도 같은, 유리 같이 나약한 몸을 가졌을 때에도 황금과 자줏빛의 화려한 옷을 입는다고 끊임없이 주장하는 사람들이다." 데카르트는 이들을 지칭하면서 주장한다. 어둠으로부터 빛을 꺼내듯 광기를 추방하고, 어지럼증의 괴로움을 거짓된 안정감으로 대체시키면서, 생각 자체는 미칠 수 없는 것이므로 광인의 사고방식은 불가하다고. 정신의 숭배자 데카르트는 적극적으로 광기를 '이성 자체의 추론을 따르는 이성과는 다른 것'(푸코)으로 구별하였고, 정도를 넘어서는 비이성적인 말의 특권을 강력히 부정하였다. 이런 이유로 데카르트는 광인들의 부정적인 영향력을 입증해 보인다.

한편 광기가 없이 사는 사람은 (오히려) 제정신이 아니다. 파스칼은 말한다. "인간은 필연적으로 미쳤기 때문에 미치지 않는다는 것은 미친 짓이다." 광기를 인식하고 결국엔 '광인'(이것을 이해하는 데 이르지 못하는 시대에는 '광인'이 동성연애자, 이방인, 사이코패스, 자유사상가, 혹은 방랑자, 히스테리 환자 등과 동일하게 여겨진다)을 인식의 대상이 되게 하려면 인간은 자신의 광기를 인식하지 않아야 한다. (아니면 자신 안의 이타성을 무시해야 한다.) 클레망 로세는 말한다. "이성과 상식은 광인들이 건강한 정신의 소유자들로 하여 금 극도의 혼란과 노여움을 일으키기 위해 계속해서 흔들어 댄 깃 발이었다. 이때 건강한 이들의 반발은 당연히 실패로 돌아간다. 왜냐하면 이들의 반발은 이미 적수에게 합병된 '이성'의 이름으로 만 지배당하기 때문이다."

광기가 일종의 심리적 은신처만은 아닐지라도, 모든 사람이 미치지는 않았더라도, 푸코의 몇몇 계승자들의 주장대로 '광기가 차이점들을 파괴 흡수하는 절대적 합리성에서 비롯'된다 하더라도, 정신착란을 없애기 위해 정신병원에 가두는 것은 잘못이라고 해도, 광기가 이성의 수련을 막을지라도, 그래도 여전히 철학은 광기에 열광한다.

자기 마음대로 생각하고 조종당하기를 거부하는 사람들의 편집증, 자신의 능력과 합리성에 도취하여 절대의 취향을 만들어 내는 자기도취, 신의 죽음으로 모든 것이 가능하다고 추측하는 사람의 논리적인 망상증 등, 요컨대 이렇듯 가장 무모한 확신과 함께 이성적 사유와 중용에 의지하는 것은 필요시 이성의 보호막을 만들기 위해 분별력을 잃었어야 했음을 보여 준다.

게다가 몽테뉴의 가르침 가운데 하나는 정신을 육체에, 이성을 광기에 대립시키기보다는 '정신의 타락과 무절제함'의 기원이 정신 자체 내에 있다는 것이다. 또한 육신으로부터 해방되기를 번민하

며 정신을 좀먹는 과도한 야망도 정신 그 자체 내에서 유래한다는
것이다. 그의 계승자들과는 반대로 몽테뉴는 정신적 건강을 몸에
서 분리되지 않으려는 능력에 연동시키는 것이 아니라 차라리 정
신과 육체, 그 두 가지를 화해시킨다. 실제로 광기가 인간의 고유
한 특징임을 어떻게 이해할 것인가? 동물들은 규칙과 '정신적' 선동
에 의해 정신착란을 일으키지 않는다는 것을 어떻게 이해할 것인
가? 몽테뉴의 정신은 자유롭게 흐르고 유랑하며 휴가의 마지막을
휘파람을 불어 알려 줄 때까지 진실을 가지고 논다. 또 몽테뉴의
정신은 육신으로 하여금 때로는 행복하게 때로는 아프게 만들며
규율을 따르게끔 한다.

　광기는 그 자체로 광란의 메스[01]다. 광기는 소외된 자들의 언어
가 아니라 다름, 차이의 성향이 모습을 드러내는 것이며, 존재의
극단에 있는 기묘한 언어가 모습을 드러내는 것이다. 디드로의 소
설《라모의 조카》속 철학자는 다음과 같이 말한다. "오, 저런 터
무니없는 광기여, 어떻게 너의 머리에서 그렇게 온당한 생각들과
무질서한 난잡함, 그토록 많은 기상천외한 생각과 행동들이 함께
존재하는가?" 작가는 '광기'의 화려한 표현보다 상대방의 상식에
훨씬 더 염려하고 불안해한다. 왜냐하면 모순과 반대로 광기는

---

01 수술용 칼을 말한다.

철학자 사용법

비상식을 거부하지 않고 그것을 받아들이기 때문이다—광기는 상식적인 것임에도 불구하고 그것들을 수락할 수도 있다. 이것은 행복한 광기다. 행복한 광기는 누구에게도 합당한 이유가 없음을 깨닫게 하여 자살을 단념시킨다. 사람들에게 힘과 돈에 대한 흥미를 주는 행복한 광기는 전반적인 결핍 상태와도 같은 무질서의 사회라 해도 이를 지켜 낸다. 어떻게 광기의 모순됨에 빠지지 않고, 지속되지 않는 것을 갈구하며, 불평하지 않고 삶을 견디며 사랑할 것인가? 그리고 어떻게 삶을 아름답게 만들 것인가? 스피노자는 《윤리학》의 3부 처음에서 인간의 행동과 욕망을 마치 선과 평면과 입체의 문제인 것처럼 생각할 것을 제안하면서 대조적으로 광기를 함께 엮고, 설명하고, 가두는 데카르트적 입장과 정반대의 입장을 취했다. 스피노자는 인간이 그릇되었다고 생각하기 때문에 인간을 정확한 과학으로 만들어 기하학에 인간 열정의 무질서함을 복종시키려 하지 않았다. 반대로 스피노자는 알베르틴[02]처럼 광기에 사로잡힐 만한 이유가 있으며 또 광기는 육신을 지배하는 정신의 무력함을 한탄하는 사람들에 대항하여 싸울 수 있게 한다고 생각했다.

스피노자의 기하학, 그것은 광기를 과오와 꿈의 중간, 통행 지

---

02 《잃어버린 시간을 찾아서》 속 등장인물.

점으로 여기는 이해의 다른 이름이다. 스피노자에 따르면 광기는
길을 잃는 것을 두려워하지 않는, 문학의 영감을 퍼 올리는 감각
의 양성소다.

노스탤지어

Nostalgie

존재했던 것이 이제부터는 더 이상 존재할 수 없다는 것,
그가 겪었던 신비스럽고 심오하면서도 어렴풋한 사실은
영원을 버티게 하는 수단이다.

_얀켈레비치

노스탤지어가 그저 향수병이라면, 노스탤지어는 치유될 희망이 보인다. 확실한 건, 죄인 율리시스가 이타카 섬으로 귀환할 때 마법사들이 그의 눈물을 말려 주었다는 것이다. 죽음과 함께 사람들은 타고난 신성을 되찾는다는 사실을 믿고 싶을 때, 백조의 노래[01]는 기쁨의 노래가 된다. 우리는 우리의 나머지 반쪽을 만났을 때 고독으로부터 치유된다. 유배당한 영혼의 탄식, 마법에 취하고 흩어진 영혼의 탄식은 부대로 귀환해야 하는 시간을 일리는 종이 울릴 때, 하나의 멜로디로 만들어진다. 어린 시절로 되돌아가는 것이 가능하다고 믿는 한, 노스탤지어는 그저 일시적인 괴로움일

---

01 백조는 죽기 직전 한 번 우는데, '백조의 노래'라는 말은 어떤 특정한 노래가 아닌 어떤 음악가가 마지막으로 작곡한 작품을 뜻하는 대명사로 주로 쓰인다.

뿐이며, 성경을 토지대장으로, 기억을 수평선으로 변모시키는 행복에 대한 약속이며, 잃어버린 어린 시절을 되찾기 위한 해결 방법이다. 곧 알게 될 것이다. 전보다는 나아질 것임을.

그러나 불행하게도 이것은 불가능하거나 혹은 지속되지 않는다. 유년 시절은 추억을 남기지만, 기억은 잊힌다. 우리는 그곳으로 돌아갈 수 없다. 흔히 끝난 사랑을 한순간 기억 속에 되살린다고 말하지만 결국 영원히 사라져 버리는 것처럼, 희망은 기만적이고 덧없는 황홀감이며, 실망스런 귀환이다. 왜냐하면 노스탤지어는 시간의 병인데, 어떤 장소도 어떤 궁전도 이 병의 쓰라린 고통을 무디게 하지 못하기 때문이다. 노스탤지어는 항상 과거에 대한 인상을 갖는다. 상실에 대한 괴로움 이상으로 노스탤지어는 다시 만나는 것에 대한 실망감—어원적 의미에 따르면 '회귀'의 고통—을 가리킨다.

율리시스에게는 어떤 일이 일어났는가? 20년 만에 집으로 돌아온 그는 마침내 행복했던가? 아니, 그렇지 않다. 얀켈레비치의 상상에 따르면 "그는 멍하니 있었고, 말수가 줄었으며, 부인이 만들어 주는 수프도 더 이상 먹지 않았다. 근심으로 가득 찬 그의 의식의 주름은 이마 위에 그늘을 드리웠고, 자신의 행복에 대한 순수한 기대는 퇴색되었다. (……) 율리시스는 이타카 섬을 희미하게나마 잠시 보았던 순간을 그리워하고, 희망의 섬이 여전히 존재와 부재 사이에서 주저하는 순간을 아쉬워한다." 하늘 아래 새로운 것은 없다. 늘 그렇듯 모든 것은 변했다. 이타카 섬은 더 이상 예전 그대로가 아니고, 페넬로페는 나이 들었으며, 사랑스러웠던 강아지는 죽었고, 어느 누구도 율리시스에게 모험 이야기를 해 달라고 더 이상 청하지 않는다…… 그는 집에 돌아와 있음에도 불구하고 자신이 있는 곳이 어디인지 자문한다. 그는 자신이 갈구해 왔던 치유책을 경험했기에, 이제 그가 겪은 슬픔은 자신 안에서 기다림이라는 오랜 고통을 대신하게 되었다. 해안가에 몸을 기울인 방랑자의 눈물에서 내색하지 않고 시름하는 가장의 깊은 우울이 이어진다. 그가 슬퍼했던 시간들이 오히려 의미 있고 목적 있는 삶의 시간들이었다. 프루스트는 말한다. "약속의 땅은 영원히 타협되었다. 우리는 낙원을 꿈꾼다. 특히 수많은 낙원이 이어지기를 꿈꾼다. 하지만 이 모두가 죽기 전에는 잃어버린 낙원이며 그곳에서 우리는 상실감을 느낄 것이다."

결코 그 무엇도 사라진 것이 없기에 위대한 귀환이란 없다. 잃어버린 고국은 단지 기억나지 않는 기억의 이름을 대어해 준 사람일 뿐이다. 기억이 끝이 날 때, 그때가 노스탤지어의 초기 단계에 해당한다. 여행의 끝에서 방황이 시작된다. 노스탤지어는 죽는 것에 대한 두려움이 아니라 계속 살아가는 것에 대한 두려움이다. 노스탤지어는 이야기의 끝이다.

노스탤지어의 존재 이유가 없을 때, 노스탤지어는 무엇인가를 추구하는 문학과 음악의 양상을 띠게 된다. 노스탤지어는 기억을 뛰어넘고 사라짐을 극복하며, 일어난 일에 대한 불확실한 영원성을 주장한다. 어떤 시기를 묘사하고 사랑을 이야기하는 것은 행복했던 그 장소들에 다시 가 보는 것보다 그것들을 다시 살게 하는 좀 더 확실한 방식이다.

노스탤지어는 침울하고 부주의할 때 찾아오며, 즐거움보다는 만족을 추구한다. 남성성은 특히 전형적으로 회고하기를 즐긴다. 밀란 쿤데라의 《향수》에서 20년의 유배 생활을 마치고 프라하로 돌아온 조세프라는 인물은 이레나의 벌어진 다리 사이로 '빈집'을 본다. 남자는 자신이 관계를 맺은 여인을 차지하지 못하는 상황과 잃어버린 고국을 동일시하면서 더더욱 고국으로 돌아가지 못한다.

사랑 없이 사랑을 하는 사람들은 무엇을 즐기는가? 거짓으로 하나됨을 즐기는 것인가. 그들이 사랑을 속삭이는 소리는 무엇을 위장하는가? 인간만이 그렇게 한다. 오고 가는 사랑의 나눔은 어디로 갔는가? 어디에도 없다. 조르주 바타유의 소설 《눈 이야기》가 그것에 대해 이야기하고 있다. 그는 '눈'에서 '알'로, 이어 '항문'과 '고환', 여자의 음부로 이미지를 이어나가는데, 이것들은 우리가 출발한 눈의 이미지를 상기시킨다. 우리가 입을 맞출 때, 그저 진

전 없이 시간만 낭비할 때, "육체적 사랑은 위기에 처한다." 소돔[02]
이 성채화된다는 것은 신으로부터 멀어지는 것은 아니지만 그 안
에서 반대로 기도가 부족한 사람들은 끊임없이 낙원으로 되돌아
오려 하면서도 동요와 충돌 속에서 서로 다투어 신을 찾으려 한다.

---

02 Sodom: 구약 성경 〈창세기〉에 나오는 한 도시로 성적性的으로 퇴폐하여 하느님
의 노여움을 사 멸망했다고 한다.

나서
초20

Étrangeté

언어의 장벽이 그들 사이에 갑자기 생겨 버렸다.
언어의 장벽은
다른 두 사람이 하나의 같은 언어로 말할 때 생긴다.
이제 이 언어는 더 이상 서로를 이해하기 위해
사용하는 도구가 아니다

_로맹 가리

'낯설다'는 것은 두 가지 의미를 가지는데, 타인은 '내가 아닌 자'이기 이전에 타인이라는 사실을 가리키고, 이와 동시에 우리가 세상에서 만들어진다는 생각을 하기 이전에 (현실이라 불리는) 세상이 존재한다는 사실을 가리킨다.

낯섦은 필터를 벗긴 세계다. 우리 눈에 다시 필터를 씌우면 세상은 익숙하고 유용한 것이 된다. 명백함이 다시 수수께끼가 되고, 유용한 도구는 다시 장애물이 되고, 익숙한 것은 또 다시 낯선 것이 되는 세상이다. 사르트르의 소설 《구토》에서 반영웅antihero인 주인공 로캉탱은 죽는 날까지 다른 사람들과 다를 바 없이 살아왔다. 그런데 죽음이 다가온 날, 그는 인간들이 마치 "무기력한 꾸러미"와 유사하다는 사실을 깨닫는다. 인간들의 손은 "퉁퉁한 풍

뎅이 유충"처럼, "거꾸로 뒤집어진 게의 다리"처럼 늘어진 듯 느껴졌고, 인간들의 언어는 "목을 긁는 다족류 벌레" 같았으며, 긴 의자는 "뒤집어진 시체"와도 같고, 얼굴은 "균열과 구멍이 서로 얽힌 식물계 변방의 지질도" 같다는 사실을, 또 여성성은 "좀나비와 개미 떼가 줄지어 가는, 잔털이 가득한 거대한 잎들이 달린 낮고 큰 나무들이 있는 작은 정원"과도 같다는 사실을 깨닫는다.

만약 사르트르가 인간 없는 자연의, 말하자면 시 이전의 세상, 형체가 만들어지기 이전, 물질 상태의 낯설고 구역질 날 것 같은 더러운 기름(세상)에 손을 담그지 않았더라면, 아마도《존재와 무》에서 기만과 수치심에 대한 경험과 정체성에 대한 거짓 가장 등(기이함을 내세운 모든 방식들, 인간은 타인의 시선을 통해 만들어진다)에 대한 그토록 엄청난 묘사를 써 내지는 못했을 것이다. 세상의 침묵과 세계의 중심임을 아직 포기하지 않은 교만한 인간 사이의 혼란한 괴리로부터, 그 기만으로부터 생겨난 부조리와는 반대로 낯섦은 자신을 망각함으로써 새로이 되살아난 긴장감으로부터 생긴다. 로캉텡은 덧붙여 말하길, "나는 행복하다. 이 전율은 참으로 순수하다. 너무도 순수한 이 밤, 나 자신은 이 차디찬 공기의 파동이 아닌가? 나는 피도, 림프액도, 살도 가지지 않는다. 나는 저 너머의 희미한 빛을 향하는 이 긴 운하를 따라 흘러간다. 나는 단지 전율로부터 생겨난 존재인가……."

철학자 사용법

인간은 피를 보면 낯설다고 느낀다. 하지만 외딴 곳이 아닌 대피처 없는 세상—말하자면 우리가 가까이에서 보는 이 세상—에서도 낯섦을 느낀다. 어떤 신도 세상의 어둠을 흩뜨리지는 못한다. 존재하는 모든 것은 묘하게 낯설다. 낯섦은 사물이 변화되어가는 중 그 대상의 유동적인 기이함을 설명해 주기도 한다. 그 낯선 기이함에 현기증을 느끼는 순간, 현실은 기괴하게 돌아가고, 인간은 떠나기를 주저하지 않으며, 거리 두기를 두려워하지 않는 방랑자가 된다. 롤랑 바르트가 《기호의 제국》에서 한 단어도 일본어를 말하지 않고, 군도(일본)의 섬세한 풍습이 그에게 주는 인상들에 전적으로 만족하였던 것처럼. 스완^{Swann}01을 대접하느라 바쁜 엄마에게 굿나잇 키스를 받지 못하자 자신이 하찮은 존재인 건 아닐까 하는 두려움을 느끼며, 스완이 떠났음을 알리는 작은 초인종의 땡그랑 소리를 기억 한가운데 애정 어리게 간직하고 있는 잃어버린 시간의 화자처럼.

니체는 말한다. "널리 알려진 깃은 무엇보다 익숙함을 의미한다. 이것은 무엇을 의미하는가? 앎에 대한 우리의 욕구는 바로 이미 알고 있는 것에 대한 욕구가 아닐까? 기이한 것, 기상천외한 것,

---

01 《잃어버린 시간을 찾아서》 속 등장인물.

의심스러운 모든 것들 가운데 더 이상 우리에게 걱정스런 주제가 아닌 무엇인가를 찾으려는 의지는 무엇인가? 우리로 하여금 알아야 함을 부추기는 두려움에 대한 본능이 아닐까?"

　같으면서도 다른 이란성의 기이함, 같지 않은 독특함은 현실에서 의미를 찾으려 하지 않고 현실을 증명하도록 권유하며, 이해의 범주를 적용해서 판단하기보다는 이해하기를 권유한다. 현실을 개념으로 재단하려는 열정과 보편적 취향은 서로 낯섦의 한계를 증명해 보인다. 그러나 낯섦의 침범할 수 없는 폭정을 물리치지 않고, 새로운 세계에 대해 분류하고 판단하지 않고서 어떻게 생각할 수 있는가? 억눌렸던 것으로부터 갑작스레 습격을 받는다면 누가 용납할 수 있겠는가? 알지 못하고서 어떻게 숙고하는 것이 가능하겠는가?
　그러나 은유에 의해서는 가능하다. 은유는 어떤 것을 다른 것으로 지시하고, 삶을 이루는 요소들 간에 공표되지 않은 관계를 정하는 기술이다. 단어들의 보편성을 특수성으로 변화시키려는 언어의 왜곡은 단어들을 낯섦 쪽으로 열어 놓음으로써 일어나는 현상이다. 공표되지 않은 것을 특수한 경우로 변환시키는 것과 반대로, 은유는 이미 알고 있던 의미를 제공하면서 새로움을 생산한다. 시인 아폴리네르는 다음과 같이 썼다. "목자여, 오, 에펠탑이

철학자 사용법

여, 오늘 아침 다리 위에 한 무리의 군중들이 울고 있구나." 그는 줄지어 선 군중들, 경적 소리, 새벽안개와 20세기 초에 새롭게 나타난 기이한 풍경들을 한 편의 시에 재현해 놓았다. 은유는 새로운 세계를 돌발적으로 드러내는 것이 아니라 새롭게 단장된 세계를 드러내는 것이다. 로캉탱은 말한다. 새로워진 세계에서는 "아무것도 변하지 않았다. 하지만 그럼에도 불구하고 모든 것은 다른 방식으로 존재한다." 사물들은 단어들을 이루는 질료다. 세상의 사물들을 지시하는 단어들은 두려움을 즐거움으로 변화시킨다.

이기주의

Égoïsme

그가 죽었다니!
아니야, 과장이 너무 심하잖아!

_바쟁, 게르망트 공작[01]

---
01 프루스트의 소설 《잃어버린 시간을 찾아서》 속 등장인물.

나와 마주한 세계는 내겐 턱없이 부족하다.

어떤 재앙도 나의 근심 걱정의 발끝에도 이르지 못한다.

쇼펜하우어는 조언한다. "개인에게 지쳐 쓰러져 상심할 선택권과 세상의 나머지가 쓰러지는 것을 볼 선택권을 달라. 어느 한쪽의 입장에서 말을 해야 할 필요는 없다. 대개의 경우, 저울은 기울어질 테니까. 우리는 누구나 자신을 우주의 중심으로 만들고, 모든 것을 자기와 연관시킨다. 정반대의 세계에 속하기는 힘들다. 한편으로 각자는 절대적이고 대단한 주의를 기울여 자신을 관찰하고 다른 한편으로 인간을 제외한 나머지에 대해서는 무관심하다. 인간은 자신과 자신을 제외한 나머지를 똑같은 교환 조건으로 간주한다." 인간은 '나'를 세상 모든 것의 잣대로 삼는 이 대단한 옹졸함으로 인해 자신의 눈앞에 닥친 일을 지구에게 닥친 극한 상황이라 여기고, 자신의 하찮은 야망을 마치 대단한 동기처럼 생각하게 된다. 어떤 끔찍한 민족 학살도, 기아도, 지진도, 나의 두통만큼도 나에게 영향을 미치지 못한다. 속이 좁은 사람일수록 이기적이다.

금욕적 겸손은 자신의 의지에 좌우되는 것과 그렇지 않은 것을 구별하여 행동 영역을 자신이 이해한 세상의 요소들에 한정시키는 분별 있는 사람이 지닌 덕이다. 반면 이기주의는 금욕적 겸손 대신 그 자리에 '나'에 대한 무한한 오만함을 대체시킨다. '이기적인 자아'의 끝없는 오만함은 자기 스스로를 표준이라 여기거나 자신이 저지른 악 안에서는 어떠한 악도 보지 못하게 한다. 사드 후작이라는 등장인물은 다음과 같이 엄격하게 표명한다. "만약 엄청난 죄를 짓고 그 대가로 미약하나마 쾌락을 살 수 있다면 무슨 상관이랴? 쾌락은 내 기분을 달래 줄 것이다. 그러나 범죄의 결과는 내게 영향을 미치지 않는다. 그것은 내 영역 밖이다. 모든 나머지 것들은 내 관심을 끌지 못한다……." 이것은 피할 수 없으며 일관된 감정이다. 내가 행한 악행 가운데 악은 어디 있는가? 내가 악의 희생자가 아니라 수혜자라면? 이기주의자는 말한다. 나는 나와의 약속이 있다.

인간중심주의와 잔혹성, 이 두 개념은 이기적인 두 아이와 같다. 이 두 가지는 타인을 나 아닌 것으로 축소한다. 이 이기주의는 자신의 즐거움을 위한 방식대로 타인을 다루는 학대자의 비열한 유형 혹은 타인이 내게 행하는 (나는) 원하지 않는 악행을 타인에게 행하지 못하도록 나를 보호하고 가르치는 고상한 유형을 무차별적으로 취한다. 이기주의는 자신의 경우를 일반화하고 '능력과 지식'을 자랑하며 스스로에게서 빠져나오지 못하는 사람들에게 나타나는 공통적인 특징이다. 그들은 자신으로 인해 야기된 고통이나 자신이 처한 고통의 상황에 대하여 이렇게 말한다. "원한다면 사라져, 난 안전해." 무관심에서 양심에 이르기까지, 이기주의는 비열하게 군림한다.

이기주의는 나(자신)보다 더 강하다. 손가락으로 눈을 가리는 것만으로도 온 세상을 사라지게 할 수 있는 것처럼, 이기주의는 시각적 환상이며 내가 아닌 나머지를 모두 뒤덮을 만큼 나와 관계된 것만 확대하는 돋보기다. 루시타니아 호의 난파 소식을 들은 베르뒤랭 부인의 두려움이 큰 만큼, 밀크 커피에 크루아상을 적시는 지금의 행복감은 더욱 크게 부각된다. 그녀의 남편 베르뒤랭 씨는 셰르바토프 왕자의 죽음을 알리러 온 가엾은 사니에트^{Saniette}에게 저녁 만찬을 취소해야만 하는 상황을 못마땅해 하며 말한다. "당신은 늘 과장하는군 그래." 또 게르망트 공작부인에게 그녀의 친구 스완은 그가 죽어가고 있으며 셍 테베르트 부인의 집에서 있을 저녁 식사에 그녀가 이미 늦었다는 사실을 알려 준다. "따라야 할 법도와 알아야 할 예법들 가운데 어느 것도 알지 못하는" 그는 자신 탓을 하기보다는 사람들이 자신을 바보처럼 두려움에 떨도록 만든다고 믿는 쪽을 선택한다. 이기주의는 숲이 있음을 인정하면서도 숲을 감추는 분재와도 같다. 이기주의는 자발적인 몰지각이요, 아무도 속이지 않겠다는 생각만큼이나 더 고집 센 근시안이다. 어떤 이기주의자가 타인을 생각하기 전에 자신을 생각하는 것이 얼마나 가소로운 일인지 알지 못하는 것은 문제될 것이 없지 않은가. 고집스런 이기주의가 생겨나는 것은 세상의 무감함을 상쇄시킬 자기애가 더 이상 남아 있지 않을 때, 좌절과 패배를 경험한 이후이다. 죽음이라는 숙명의 존재에만 집착한 이기주의는 모든 것을 단번에 잃었기 때문이다. 이기주의는 누군가의 딱한 처지를 '나'라는 거품에 쌓인 작은 산으로 뒤덮어 버린, 자기만을 의식하는 중대한 실책이다. 나 자신을 하나의 세계로 드러내고자 하는 욕망은 치명적인 환상으로 위태롭게 흔들리지만, 이내 곧 다시 만들어진다. 하지만 이 환상은 어느 누구도 속이지 못한다. 어느 것도 자신을 꿰뚫고 구성하는 세상에서 벗어나지 못한다는 사실을 인정하지 않는 이기주의는 공허하게 현실이 뜻대로 될 것이라 낙관하며 속세의 성공을 대사건의 차원으로, 자신의 죽음을 엄청난 천재지변으로 확대해석한다. 만약 이기주의가 불행을 만든다면 불행은 이기주의를 만든다.

그러한 이유에서 비관주의자들은 역설적으로 항상 이기주의자들이다. 그럼에도 불구하고 왜 나는 나를 염려하는가? 그것은 가장 나쁜 것^{la} ^{pire}이 가장 확실하기 때문이다. 왜 우리는 죽는다는 사실에서 벗어나지 못하며 늘 신경 쓰는가? 왜냐하면 세상에 대한 입장을 갖기 이전에 비관주의는 자신을 보호하기 위한 예방책이기 때문이다. 가장 나쁜 것보다 더 확실한 것은 무엇인가? 비관주의자는 어떤 위험도 감행하지 않는다. 비관주의는 단지 반사적으로 반응하며 가장 나쁜 것을 예감했을 때에 따른 갑작스런 응답이다. 비관주의는 신경안정제와도 같다.

반사 신경처럼, 이기주의는 죽지도 못하게, 타인에게 의지하지도 못하게 하는 고약한 술책이다. 쇼펜하우어는 말한다. "내면의 시각에서 바라본 자아는 거대해 보이는 반면, 밖에서 바라본 자아는 쪼그라들어 결국 거의 아무것도 아니다. 동시대 인간성의 고작 십 억분의 일에 지나지 않는다고 할까. 이기주의자가 확신하는 바에 따르면, 자신의 눈에 나머지 모든 것, 그 이상의 가치가 있는 이 자아는 소우주이며, 바로 여기서 대우주가 어떤 상황의 변화로부터 갑자기 나타난다. 자신에게 세계 전체인 이 소우주는 죽음을 통해서만 사라지는데 그렇기에 자신의 눈에 자아의 죽음이란 마치 우주의 소멸과도 같다." 만약 이기주의가 되는 것만으로도 안식처에 있는 듯 안전하다면 이 경우 자기애amour-propre는 덕la vertu 과 다름없다. 그러나 이기주의는 무력하다. 자신만을 생각하는 내향성은 자신을 지키지 못한다. 죽음에 대한 두려움은 아무것도 변화시키지 못한다. 행렬에서 살짝 빠져나가기 위해서는 모래에 머리를 박고 숨는 것만으로는 결코 충분하지 않다. 이기주의는 소용없는 빗나간 형벌이다. 이기주의가 되는 것은 두려움에 무기를 반납하는 것이며, 결국엔 인간들 사이의 유대 관계를 버리고 대신 더 살아가기 힘든 오만함을 선택하는 것이다. 이기주의에 복종하는 누구에게나 동정이란 없다. 모든 것에 닫힌 이기주의자의 영혼은 단말마의 고통에 처한 심장인 것이다.

자기희생

Générosité

모든 것을 다 준 자는 뱀파이어가 된다.

_이오네스코[01]

01 Eugene Ionesco(1909년~1994년): 루마니아 태생의 프랑스 극작가.

자기희생은 모든 사람이 갖춘 덕목은 아니다. 아낌없이, 계산하지 않고 줄 줄 아는 사람은 드물다. 당연하다. 큰 희생을 치르지 않는 자기희생이란 어떤 것인가? 높은 경지에 이르지 않고서 우리에게 주어진 고통을 견뎌내는 위험하고 힘겨운 자질을 가지고 산다는 것은 어떻게 사는 것인가? 타인에게는 주면서도 스스로 절제하고 포기하는 사람들의 곤궁함……. 쇼펜하우어가 말하는 역경과 놀라운 자질은 사람들 사이에서의 유기적인 유대감에 대한 너그러운 본능이다. 이 본능은 마침내 "인간의 본질 자체로서 이기주의"에 대한 인정과 통한다. 페르디낭 셀린느의 소설《밤 끝으로의 여행》의 주인공, 비참한 바르다뮈는 "자아를 회복"하며 시간을 보낸다. 그는 뜬눈으로 밤을 새며 여행을 한다. 하지만 그는

"거대한 문제들"로 너무도 고통스럽기 때문에 이제는 아름다움, 잔인함, 그리고 개척 등 중대한 문제들에 대해 스스로에게 질문하기를 멈춘다. "이 무심함을 조금이라도 회복하고, 불안함을 약화시키고, 어리석음과 신성한 고요함을 되찾기 위해 적어도 내가 열이 오르고 병이 나고, 나에게 재앙이 닥쳤어야 하는 것을." 환멸을 느낀 헌신이 인색하게 변질되지 않으려면 어떻게 해야 할까?

바르다뮈는 알시드 중사와 아프리카 포토에서 머무는 동안 텐트를 같이 사용하게 되는데, 그는 먼저 식민지 주둔 군인들에 대한 상세한 특징과 밀매상, 그리고 고객에 대해 말해 준다. 또 버림받았다는 느낌은 "일종의 달"과도 같은 세계의 저 바깥을 보게 한다고 말한다. 그러던 어느 날 저녁, 난롯가에서 바르다뮈는 알시드가 실제로 행복하다는 사실을 알아차린다. 알시드는 정글에서의 6년 동안 폐품을 개조, 매매하며 생활했는데, 그건 오로지 먼 친척에 불과한 어린 조카 지네트를 먹여 살리기 위해서였다. 알시드 덕분에 지네트는 영어와 피아노 수업을 받을 수 있었다. "품성이 좋은 사람들과 친밀하게 지냈지만 그들이 대단해 보이지는 않았다. 그는 고문과도 같은 날들 동안, 먼 친척인 어린 소녀를 위해 무덥고 단조로운 열대의 비참한 삶을 의심 없이 감내했다. 조건 없이, 타협 없이, 진심으로 그것 말고는 다른 이기심을 갖지 않고…… 그는 마음으로 그렇게 나를 초월하는 사람이었다. 나는 얼굴이

붉어졌다." 이것이 바로 세상을 제자리에 놓는 자기희생이다.

결국 자기희생이란 위대한 산 자에게만 허용되는 것인가? 아무도 필요로 하지 않는 본연적으로 고독한 자, 사랑으로 고통받지 않는 사람, 줌으로써 부유해지는 사람에게 허용되는 것인가? 확실하지는 않다. 이타적이 되기 위해 부유할 필요는 없지만 행복할 필요는 있다. 칸트는 말한다. "자신의 상태에 만족하지 못하면 의무를 위반하는 유혹에 쉽게 빠질 가능성이 있다." 자기희생에는 활활 타오르는 이기적 행복과 평안한 잉걸불이 필요하다. 행복감이 없이는 자신을 생각하기 전에 타인을 생각하기가 힘들기 때문이다. 모든 인간은 참을 수 없는 것에 분개하는 심장을 가졌음을 인정하자. 그렇지만 선량한 심성을 갖기 위해서는 비정한 심성 또한 필요할 것이다. 어떤 자기희생도 단호하지 않고서는 유지되지 않는다. 이 단호함이 이타성과 비정함을 양립 가능하게 해 준다. "이타주의적인 개인주의"(카뮈), 침해할 수 없는 자아 중심주의, 섬세하면서도 강압적인 이기주의만이 이기심의 한계를 뛰어넘을 수 있다. 보통의 개인은 이기심을 자기 자신에게만 일치시키지 않던가. 자기애는 자기 자신을 더 사랑하게 하며, 나누지 않고도 타인의 편이 되게 함은 물론 고통으로 괴로운 것이 아닌데도 고통스러운 것이다.

아무런 대가를 바라지 않는 자기희생은 결국 자신을 위해 이타

성을 내보일 수 있는가 혹은 그렇지 않은가에 따라 상반된 결과
를 가져 온다. 최악의 경우 자기희생은 자신의 어깨에 우주를 떠
받치고 있는 것이고, 최고의 경우 자기희생은 점점 널리 퍼져 그로
인해 선행이 늘어나는 것이다. 베르그송은 다음과 같이 쓰고 있
다. "특히 창조자는 창조자의 강렬한 행위로 인해 다른 사람들의
행동 또한 강화시키고 너그러운 이타성의 진원지에 불을 지필 수
있다." 한쪽에는 바르다뮈가 있고 다른 쪽에는 알시드가 있다. 한
쪽에는 이기적이지 않은, 세계 전체의 고통을 함께 느끼는 치명적
인 이타성이 있다. 다른 쪽에는 구속 없는 자아의 헌신이 있다. 너
그러운 이기주의는 삶과 삶을 연결한다.

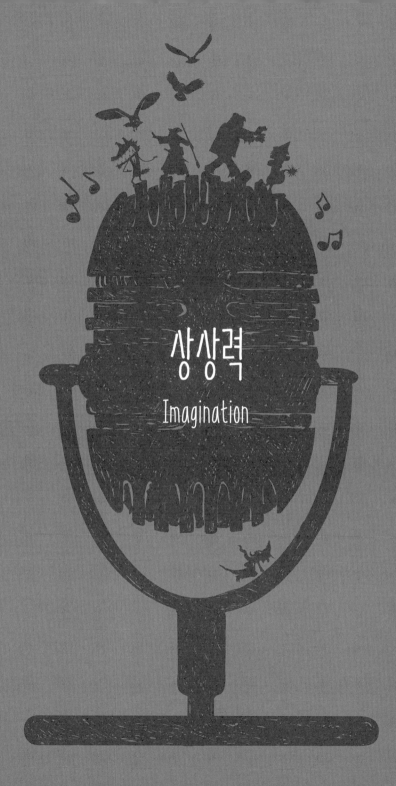

상상력
Imagination

세이렌[01]과 사랑을 나누는 어부의 불행,
그는 귀상어를 낳게 된다.

_블레즈 상드라르

---

01 그리스 신화에 나오는 바다의 요정. 반인반어半人半魚의 모습으로 뱃사람들을
   홀려 죽게 했다고 한다.

루이 아라공[02]은 다음과 같이 쓴다. "우리는 상상력이 있다고 믿는다. 기^{Guy}는 항상 내게 '넌 말이야, 네가 가진 상상력으로……' 라고 말한다. 나의 프랑스어 선생님들 또한 내 습작 시들을 보고 바로 나의 상상력을 칭찬해 주셨다. 그런데 이유는 모르겠지만, 난 결코 아무것도 꾸며 내지 않는다." 정확히 말해서 상상력은 지어내는 것이 아니다. 저버리지도 않는다. 상상력은 세상을 재구성한다. 가공의 어떤 것도 없음(무)에서 돌연 나타나지는 않는다. 어떤 새로움도 절대적으로 확실하지는 않다. 어떤 사랑도 자신이 결코 보지 않았던 것을 꿈꾸지 않는다. 모든 말은 그 안에 지나간

02 Louis Aragon(1897년~1982년): 프랑스의 시인, 소설가.

언어의 기억을 담는다.

바슐라르는 말한다. "우리는 상상력이 이미지를 만드는 능력이라고 생각한다. 그런데 상상력은 차라리 이미지를 해체하는 능력이며 특히 우리를 최초의 이미지로부터 해방시키고, 이미지를 바꾸고 교체하는 능력이다." 추상의 대척점에서 상상력은 '저 너머'가아닌 세상 안에서의 초월성이다. 상상력은 중력의 법칙에 의지하면서 상승하는 신성한 현세이며, 신성한 현실을 담고 있는 하늘 밖으로 결코 벗어나지 못한다. 현실은 진실보다 더 상상력의 대상이 된다. 이러한 점에서 상상력은 절대적인 미적 기준에서 벗어나는 것이 아닐까? 어쨌든, 상상력은 '지금 이곳에서' 감수성의 예리한 형식을 갱신해 나가는 여정이다. 지금 이곳에서 우리 마음에 떠오르는 인상들의 진실(진상)에 문체를 입히는 감수성은 역설적으로 유배 중이었던 세상과의 위대한 재회를 허락해 주는 것이다. 알프레드 히치콕의 영화 〈나는 결백하다To Catch A Thief〉에서 그레이스 켈리의 연인은 기업 출자자인 그녀 남편의 공포에 질린 눈을 목격했고, 사건의 정확한 수법을 알게 된다. 수사관들은 연출된 수법들에 기만당했던 것이다. 셰익스피어의 희극 《십이야Twelfth Night》에서는 이러한 탄원이 이어진다. "사실을 입증하라, 상상력이여! 오, 사실을 입증하라." 몇 가지 징후들을 통해 비올라는 자신의 쌍둥이 남동생 세바스티앙이 여전히 살아 있음을 확신한다─사실

철학자 사용법

이기를, 나의 상상력이여. 내게 삶을 돌려주오. 나의 꿈이 거짓이 아니게 해 주오. 나는 익숙하고 유사한 세상을 만들려고만 한다. 현실적인 상상력은 유일하다. 그곳에 나의 동생이 살아 있고, 부득이 우리는 이런 상상력을 현실이라 부른다—이성은 분석하고 상상력은 조합한다. 이성이 원인들을 찾으려 할 때, 상상력은 상응하는 것들을 찾는다. 상상력은 소리에 색을 입히고, 색에 의미를 부여하고, 향기에 소리를 주는 사랑이다. 로맹 가리는 말한다. "경험해야 할 가치가 있는 것은 아무것도 없다." 우선 상상력의 작품이 아니라면, 바다는 소금기 있는 물 그 이상 아무것도 아니다. 상상력으로 자연은 예술이 되고, 미래는 공상 과학이 되며, 보조 요리사의 얼굴은 갑자기 우의적으로 묘사된다. 상상력은 상상력의 흥취와 끝없는 목적성을 드러내고자 할 때만 발휘된다. 엘뤼아르[03]는 말한다. "대지는 푸르다, 썩은 오렌지처럼." 상상력은 이 세계를 있는 그대로 포착하기 위한 기능이 아닌 새롭게 표현하기 위한 기능이다. 상상력은 혼합과 유추로써 '현실은 아무것도 잃어 버릴 것이 없고 다만 모든 것이 창조되는 연금술'임을 증명한다. 상상력은 감수성의 활발한 형태이고, 엄격하지 않은 인식이며, 상상력과 현실은 동일하지는 않지만 서로에게 충직하다. 상상력은

---

03 Paul Eluard(1895년~1952년): 프랑스의 대표적인 초현실주의 시인.

숨겨진 진실을 밝혀진 진실로 대체시킨다. 뿐만 아니라 상상력을 통해 현실을 예견하는 것이 가능하다. 샤를뤼스 남작이 아무리 오만하고 임기응변의 달인이라 해도 어린 모렐에게 아무런 대답도 줄 수 없었다. 베르뒤랭 부인에게 이용당하는 모렐은 샤를뤼스 남작을 공개적으로 짓궂게 대했는데, 능변이면서도 오만한 이 남자가 모렐의 무례한 태도에 몹시 놀라 얼빠진 채 있을 때, 프루스트는 말한다. "그는 상상력으로 미리 흥분하지도 분노를 만들지도 않으며 격분하지도 않았다. 그는 아마 갑작스런 충격으로 망연자실하였을 것이고, 그 순간에 그는 아무런 준비 없이 있었던 것이다." 상상력이 없다면 달은 그저 "크루아상"이었을 것이고, 여름 시골은 "태양으로 검은" 곳이 되지 못할 것이다(카뮈). 신시아 플뢰리는 단순한 감각의 거짓 시늉과는 다른 상상력에 관해 다음과 같이 쓴다. "상상력은 우리의 경험을 감수성이 풍부한 의미 있는 것으로 만든다." 상상력은 우연은 없으나 덧없이 쉽게 사라지는 결합체의 내밀한 필요성이다. 상상력은 논리와 정확성으로 이뤄진 거짓 장식으로 유희와 가능성을 감추고 있으며 이런 유희와 가능성을 결국엔 드러내 보이기 위해 모순된 요소들을 섞는 사실적 장치이다. 상상력은 밤의 신비로운 힘을 더 잘 나타내기 위해 통념적 인식을 전복시키는 측면 접근법이다. 따라서 실제 일어난 현상들에 의해 우리의 상상력이 자극받고 영감을 얻을지라도, 결국 세상을 더 잘 묘사하는 것은 허구인 것이다. 삶을 단지 모사할 줄만 아는 재능 없는 혹은 상상력 없는 작가들을 향해 루이 아라공은 예견한다. "미래의 사실주의자들이여, 진실을 말하기 위해서는 더욱더 거짓을 말해야 할 것이다." 보리스 비앙⁰⁴이 그의 소설 《세월의 거품》의 서두에서 쓴 문장을 방법론처럼 숙고해야 할 것이다. "이 이야기는 전부 진실이다. 왜냐하면 이것은 처음부터 끝까지 상상해 낸 것이기 때문이다."

---

04 Boris Vian(1920년~1959년): 프랑스의 작가, 음악가.

시간

Temps

시간이 흘러감에 따라, 간다, 모든 것은 잘 되어 간다.

_레오 페레[01]

---

01 Leo Ferre(1916년~1993년): 모나코 출신의 프랑스 샹송 가수.

전쟁이 끝난 어느 봄날, 이야기는 《잃어버린 시간을 찾아서》 속 게르망트 왕비가 된 전 베르뒤렝 부인의 집에서 전개된다. 화자는 그곳에 모인 손님들의 특징을 묘사해 나가면서 시간의 피폐함을 이야기하고 시간을 재구성한다.

먼저, 시간이란 참담한 재앙이며 시간으로 인한 비극적 상황은 행동을 체념하게 만들기도 한다. 또한 시간에 대한 정신적 상실감으로 인해 변화하는 존재의 생각은 복잡하게 뒤얽히는 듯하다. 이런 비이성적 상태는 육신을 지배하고 흐트러뜨린다. 정신 상태가 피폐해진 화자에게 초월적이며 상상할 수 없는 시간의 차원이 드러난다. 이로 인해 감정들은 불명료해지며 이 감정들이 소멸하기 전에 시간은 움츠러들고 모든 인간을 유령으로 변화시킨다. 시간의 흐름에 따라 귀여운 병아리는 성계가 되고, 유태인은 속물이 되고, 속물은 무기력한 미라로 변하고, 귀족들은 몰락해 간다. 방황하는 신도들을 바로잡으려는 집착이 강한 사제처럼, 혹은 삶 전체를 완벽하게 치장하려는 기괴한 겉치레처럼, 시간은 욕망을 질식시키고 매정하게도 이미 죽을 날이 며칠 남지 않은 사람들을 납으로 된 썰매 판에 붙잡아 매단다.

그러나 육신은 사고의 보물 상자인 뇌처럼 시간의 보물 상자다. 시간은 희생자들에게 가해진 상처로만 남는 것은 아니다. 실제로 시간은 유독 인간 세계에서만 파괴자로 작용한다. 좀 더 멀리 보면, 세상의 끝을 향하는 죽음을 잡아 두려는 '나'를 넘어서, 우리의 시선이 닿는 보잘것없는 시야로는 도달할 수 없는 궁극적인 정의인 신, 신이 이유도 모른 채 고통을 겪는 사람들에게 맹목적인 신뢰를 요구하듯이 시간은 늘 그가 파괴한 것을 결국엔 아름답게 완성한다. 쇼펜하우어가 예언했듯, "지금은 그저 먼지와 재에 지나지 않는 보잘것없는 물질이지만 이것은 곧 물에 용해되어 크리스털이 되고 금속처럼 빛날 것이다. 또 이 물질은 전기 섬광으로 불꽃을 발하고, 그 자성의 힘을 드러낼 것이며, 또한 동식물로도 형성될 것이다. 그리하여 신비로운 내면으로부터 생명이 성장할 것이며 동시에 이 생명은 상실로 인해 우리의 유한한 정신을 고통스럽게 할 것이다." 이렇게 살아 있는 동안, 늘 위협이 도사리고

있는 이 상황에서, 삶의 끝보다 멀리, 코끝보다 더 멀리 내다봐야
할 시간을 우리는 어디서 찾을 것인가?

언뜻 보기에 시간은 웃음을 마르게 하고, 아이들에게 부모의 용
모를 물려주고, 후작부인의 볼에 누가사탕을 놓는 것이다. 그러나
자세히 들여다보면 시간은 화살촉을 둥근 촉으로 갈아 끼운 것처
럼 석고와도 같은 얼굴을 가면으로 가려 변장하고, 성마른 소녀를
남편의 재산을 상속받게 될 매력적인 부인으로 변모시키는 인내심
있는 예술가와도 같다. 프루스트는 말한다. 이러한 것이 바로 "시
간의 독창적인 재생의 힘이다. 시간의 재생력은 존재의 단위와 삶
의 법칙들을 준수하면서 이렇듯 장치를 바꾸어 간다. 한 인물에게
서 대담하게 상반되는 모습들을 이끌어 낼 수도 있다." 시간이 망
각의 늪에 대비되는 모습들을 수몰시키지 않는다면, 시간은 공작
부인 저택에 채광창을 만들고, 남작의 조각품을 만들며, 조금씩
우울함을 느끼면서 흰머리를 뽑게 하는 것이다. 시간에 의해 모든
것이 소멸되는 듯해도 그렇기에 시간은 더더욱 소중하다. 시간이
흐름에 따라 차이점들은 명확해지고 동시에 닮아 간다. 새로운 조
합이 오랜 피조물들의 부식토에서 태어난다. 오래된 향기를 퍼뜨
리는 포도주처럼 혹은 나뭇잎 색이 바뀌면서 본질이 바뀌는 것 같
은 나무들처럼. 최악과 최선을 위한 시간의 법칙은 번데기가 성충

이 되기 위해 변태하는 과정과도 같다.

지나고 있는 (혹은 지나간) 시간과 머무는 시간이 있다. 달아나는 시간과 쓸데없이 빈둥대는 시간, 돌이킬 수 없는 간극을 헤아리는 시간이 있다. 물떼새가 오랜 시간 신비한 감각으로 늘 같은 모양을 그리며 날아가는 것을 볼 때, 우리는 시간을 되찾은 듯한 경험을 한다. 시간의 두 번째 경계(한계)를 우리는 어떻게 선택하고 정할 것인가? 지나간 시간의 가혹함을 대신해 지속되는 시간의 직관을 느끼고자 하는 은총을 어디서 찾을 것인가? 무한한 특성을 갖는 시간은 후성설[02]의 영향으로, 가장 나쁜 성향은 예정되어 있다는 나락에 떨어진 성서의 재앙에까지 이르는가?

여러분들은 시간을 우발적으로 생각한다. 가만히 들여다보면 시간은 어떤 동기에 대해 우발적인 (일시적인) 특성을 갖는다기보다 내면 깊숙이 근원적인 조직을 가지고 있다. 베르그송은 말한다. "인간은 단지 '우발적'이지 않다. 여기서 시간이란 시간을 수식하는 품질형용사라 볼 수 있다. 인간 자체는 시간, 그 자체다." 시간으로 인한 피해를 유감스럽게 여기는 사람은 마치 자신을 극의 인물 중 한 사람이라고 여기며 극을 보는 관객처럼 행동한다. 역

---

02 생물의 조직이나 기관들이 수정란의 발생 과정 중 형성된다는 학설. 어버이의 형태는 알 또는 정자 속에 미리 존재한다는 전성설을 부정하는 학설로 1759년 독일의 생물학자 Wolf, K. F.가 처음으로 주장함.

철학자 사용법

설적으로 그는 타인과 마찬가지로 프루스트적 화자다. 프루스트적 화자는 자신 스스로가 기꺼이 전개되면서 변화하는 극(자체)이며 극의 변화는 시간의 흐름(오래됨)과 관계된다는 것을 이해한다. 그는 무언가를 파괴하는 특성을 갖는 시간의 엄격한 법칙을 희생해야만 무언가를 만들 수 있다는 시간의 황금 규칙 또한 깨닫는다. 시간에 종속되어 있는 관객들은 매일매일 시간의 희생자들을 괴롭히는 얇은 필름과도 같은 시간으로부터 시간의 지속을 직감하기에 이른다. 천천히 희미해지는 이미지 대신에 그는 어렴풋한 기억을 대체시킨다. 그 기억 속에서는 현재의 기억에서 정점에 이른 과거로부터 시작된 세상에 대한 영향력이 증가된다. 베르그송은 말한다. "우리가 어떤 노래를 들을 때, 우리는 우리가 가질 수 있는 가장 순수한 연속적인 느낌을 갖게 되는데, 이때의 느낌은 동시에 일어나는 인상인 동시에 그만큼 먼 옛날의 인상으로 거슬러 올라간다. 이 연속되는 선율 자체는 우리에게 어떤 인상을 만들어 주고 있는데, 이 선율을 해체하기란 불가능하다."

나이가 듦을 경험하면서 작가는 영원을 경험한다. 행복함을 유감스러움으로 변질시키는 시간이라는 재료로부터 작가는 삶의 매 순간 자신의 경험을 현재의 것(동시대의 것)으로 만들고, 독자들은 이를 작품 속에서 끌어낸다. 화자는 두려워하며 말한다. "오래됨이라는 것 그 자체는 대단치 않지만 경험들이 오래되어 퇴색하는 것은 그곳에 다가가고자 함에도 불구하고 멀어지는 나를 안타깝게 했다. 흰 머리카락은 우리가 살아온 시간의 깊이를 나타내는 표시와도 같다. 그 사실을 깨닫기 전에 그것은, 눈으로 보기에는 같은 높이로 보인다 해도 눈 덮인 백색의 눈부신 광채로 그 산의 고도가 다르다는 것을 알게 되는 것과 같다." 잃어버린 시간을 추구하는 것은 변함없는 영원성을 추구하는 것이 아니라 반대로 계속되는 시간의 분해(하체)할 수 없는 특질과 변화를 발견하는 지속적인 작업이다. 시간의 농후한 불확실성(수수께끼)으로 인해 더 이상 불안해하거나 상처받지 말아야 한다.

이러한 깨달음으로부터 시간에 대한 인식의 네 번째 유형이 태어난다. 이것은 상황을 활용하는 능력이다. 슬픔으로 인해 스스로를 풍요롭게 만드는 능력이다. 세계에 대한 집요한 유감스러움을 치유하는 능력이며, 움직이고 변화하는 가운데에서 진실을 찾는 능력이자, 시간에 대한 반론을 은총으로 변화시키는 능력이다. 이것은 영감을 부추기고 즐거움을 주는 문장으로 여자를—혹은 남자를—창조해 내는 능력이며, 즉각적으로 얼굴을 가리기 위해 필요한 백 개의 가면을 찾지만 결국에는 피부 결을 드러나 보이게 하는 능력이자, 작가가 생각과 말 그 자체를 구성하기 위해 무분별하게 발버둥친 복잡한 양식임에도 불구하고 그것을 기적처럼 순식간에 이해해 버리는 능력이다.

철학자 사용법

그러나 시간은 흐른다. 다시 일을 시작해야 한다. 시간을 되찾기 위해서는 시간이 필요하다. "또 다시 시간이 되었다. 뿐만 아니라 내 작업을 완수할 수 있지 않은가?"라고 화자는 자문한다. 그는 빛을 보는 순간 모든 것을 이해한다. 이제 그는 생을 마감하기도 전에 사고로 죽게 되는 것에 대한 두려움과 그것에 대한 두려움 때문에 바보 같이 광석을 채굴하는 일을 주저하지는 않을 것이다. 깨달음이 생기자 자신 안에서 죽음에 대한 공포는 사라진다.

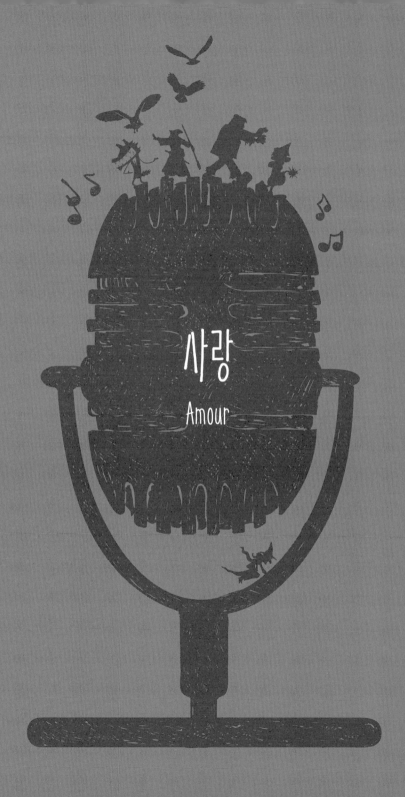

사랑

Amour

자, 이렇게 저는 당신을 사랑합니다. 분명해요.
그런데 통 뭐가 뭔지 모르겠어요.

_마리보[01]

01 Pierre de Marivaux(1688년~1763년): 프랑스의 극작가, 소설가.

계산 없이 사랑하기란 쉽지 않다. 어느 누가 이해관계를 따지지 않고 사심 없이, 무조건적으로 사랑하는가? 자신이 사랑하는 그에게 혹은 그녀에게 의존하지 않고 사랑하는가? 사랑에 빠진 사람은 어떤 자질도 필요로 하지 않나? 스스로 만든 뒤죽박죽되어 버린 잘못된 변명들을 걷어 내면, 사랑 가운데 무엇이 남는가? 사랑이란 무엇인가? 자기도취를 부추기지 않고, 거짓된 욕망과 혼자 있는 것에 대한 두려움에 지배받지 않고, 지배적 성향으로부터 자유로우며, 영원을 보장하는 술책들에 굴하지 않는 사랑이란 무엇인가? "아니, 당신은 사람들이 사랑하듯 만족스럽게 그렇게 나를 사랑하지 않아." 셀리멘은 연인 알세스트에게 이렇게 말한다. 사랑의 '극단적 열정', 전적으로 헌신하는 우울한 사랑은 사랑하는 사람에게 모욕감을 줄 뿐이다. 그렇다면 어떻게 해야 할까? 자기애에 도취되지 않고 이상적 사랑 때문에 파괴되지 않은 사랑이란 어떤 것인가? 자신을 혐오하는 한 남자가 어떻게 상대방의 다른 것들을 좋아할 수 있을까? 스스로 지닌 증오의 자리에 공허함마저 가득 찬 알세스트는 어떻게 하면 셀리멘에게 매정하게 대하지 않고, 그녀를 미워하지 않으면서, 사랑하는 그녀에게 세상과의 관계를 모두 끊으라고 요구하는 일 없이 그녀와 사랑할 수 있을까? 알세스트는 셀리멘이 그를 기만한다 해도 그녀를 사랑할 것인가? 까다롭고 우울한 성격의 그는 그녀가 불평을 늘어놓으며 그가 옳다는 것을 전혀 인정하지 않으면 자신이 속한 무리 안에서 즐거움을 찾을 것인가? 인간 혐오자인 그는 자신의 병적인 사랑에서 흥미를 찾지 못하게 되면 사교계의 생활에서 즐거움을 찾을 것인가? 만약 알세스트가 그녀를 사랑해야만 하기 때문에 그녀를 사랑한다면, 말하자면 그 자신과 독립적으로 사랑할 수 있다면, 그렇다면 그는 그녀를 사랑하지 않을 것이다. 그로서는 그런 사랑이란 불가능할 것이다. 자신의 모습 그대로 그 자체를 사랑해 주기를, 자신을 평가하지 말고 사랑해 주기를 바라는 여주인공은 그의 연인 못지않게 절대적 취미를 가졌다. 어떠한 사랑도 비상식적이지 않다. 특히 그 사랑이 외곬으로 독점적이라면 어떤가. 사람들은 상황에 맞게 힘껏 사랑한다. 에밀 아자르가 말하듯, 사랑은 제1의 필수요건이다.

아라공은 말한다. "기억 속에 영원히 고정되어 있었던 그녀에 대한 기억을 지우고 싶다면, 그녀의 머리 모양을 조금 바꾸고, 옷을 다르게 입히거나, 함께했던 장소의 분위기를 바꾸는 것으로 충분하다. 이런 식의 실망감을 경험해 보지 않은 사람은 진정한 사랑에 대해 아무것도 모르는 사람이다." 왜냐하면 사랑은 복합적이기 때문이다. 사랑은 천상의 것일 때 악취를 풍기고 육체적인 것이 되자 곧 절대를 열망한다. 사랑은 불순하고 시샘하며 불안정하고 기만적이다. 사랑에게서 진짜 사랑이 아닌 모든 것을 제거해 보라. 당신은 무관심을 얻게 될 것이다. 사랑에게서 욕망과 회환과 파렴치함, 실망감, 질투, 분노, 모욕, 신의, 쾌락, 부드러움, 홀로 죽는 것에 대한 두려움, 무력함, 심지어는 돈에 이르는 모든 것들을 제거해 보라. 그러면 초라하고 막연한 이상만이 남게 될 것이다. 조금 사랑한다, 많이 사랑한다, 열정적으로 사랑한다는 식으로 사랑은 도처에 있다. 봄부터 가을에 이르기까지, 처음 시작하는 사랑에서 결혼에 이르는 사랑까지. 사랑은 늘 존재한다. 사랑 이후에도, 사랑이 새로운 옷을 입고 방패를 칠 때조차도 사랑은 있다. 더 이상 서로 사랑하지 않을 때조차도 사랑은 존재한다.

우편엽서로는 마음을 드러내지 않고 감추는 연인들처럼 자신들의 사랑 놀음에 열중하고 있는 연인들의 사랑은, 그것이 마음의 문제이건 이성의 문제이건 욕망 혹은 관심의 문제이건, 당연히 사랑하고자 하는 욕망에서 생겨난다. 라 브뤼예르[02]는 말한다. "더 이상 사랑하지 않고자 하는 것은 여전히 그를 사랑하는 것이고, 좀 더 사랑하기 원하는 것은 이미 그를 사랑하지 않는 것이다." 사실 그렇다. 광적인 사랑과 달리, 그저 좋은 감정과는 반대로, 너무도 짧은 사랑은 노력과 용기와 자기희생을 요구한다. 사랑하기 위해서는 노를 저어야 한다. 행복과는 대조적으로, 사랑은 마치 담배를 끊는 것과 같다. 그것은 의지의 문제다. 사랑할 때 우리는 애를 쓰게 된다.

재능이 일을 통해 발현될 때, 사람들이 선물 꾸러미에 행복해할 때, 이성적 결혼이 사랑의 결혼으로 변화해 갈 때, 치열하게 투쟁한 덕분에 우리는 가끔 자신도 모르게 실제로 사랑하고 있음을 깨닫게 된다. 아무것도 묻지 않고, 타인이 우리의 소유물이 아니라는 사실을 알고도 괴로워하지 않고, 진정 사랑하고 있음을 문득 깨닫는다. 이렇게 예상치 못하게 생겨난 마음은 무엇을 원하는가? 미리 생각하고 꿈꾸고 있던 것이 있었음에도 불구하고 그녀

---

02 Jean de La Bruyère(1645년~1696년): 17세기 프랑스의 대표적인 모랄리스트.

혹은 그가 오로지 사랑에 빠진 것은 무엇 때문인가. 그것은 사랑의 열정 때문이 아닐까. 사랑의 열정은 사랑의 가치를 드러낸다. 사랑의 열정은 진정한 사랑을, 이유 없는 맹목적 사랑을 드러낸다. 사랑의 열정은 삶에 대한 사랑이다. 그럼에도 불구하고 삶을 사랑하는 힘으로 우리는 간혹 이유 없이 타인을 사랑하게 된다. 오해는 문제되지 않는다. 그 사랑이 상호적이건 불행하건 뭐가 문제랴. 슬픈 사랑이건 행복한 사랑이건 상관하지 않는다. 사랑에 빠진다는 것은 언제나 승리의 시작인 것이다.

옮긴이 임상훈

한국외국어대학교에서 철학을, 프랑스 렌2대학에서 언어학, 수학, 인문학을 공부
했다. 경남대학교, 한국외국어대학교 등에서 학생들을 가르쳤으며, 현재 월간 〈르
몽드 디플로마티크〉 한국판 편집위원, 인문결연구소 소장으로 있다. 저서로 《20세
기 사상 지도》(공저/책임), 《문명이 낳은 철학 철학이 바꾼 역사》(공저), 옮긴 책으
로 《철학과 함께하는 50일》 등이 있다.

철학자 사용법

초판 1쇄 발행 2016년 3월 7일

지은이 라파엘 앙토방
옮긴이 임상훈
펴낸이 양소연

기획편집 함소연 **디자인** 하주연 이지선 **마케팅** 이광택
관리 유승호 김성은 **인터넷사업부** 백윤경 최지은

펴낸곳 함께읽는책 **등록번호** 제25100-2001-000043호 **등록일자** 2001년 11월 14일

주소 서울시 금천구 디지털로9길 68, 1104호(가산동, 대륭포스트타워 5차)
대표전화 1688-4604 **팩스** 02-2624-4240 **홈페이지** www.cobook.co.kr
ISBN 978-89-97680-18-4(03100)

이 도서의 국립중앙도서관 출판예정도서목록(CIP)은 서지정보유통지원시스템 홈페이지
(http://seoji.nl.go.kr)와 국가자료공동목록시스템(http://www.nl.go.kr/kolisnet)에서
이용하실 수 있습니다. (CIP제어번호: CIP2016003884)

함께읽는책은 도서출판 나눔의집의 임프린트입니다.